億萬富翁在旅途中教會我的事

有韓國巴菲特之稱、獲利超過一千億韓元的超級螞蟻

朴成得
失業之旅學會「受教」的編輯
姜鎬 ——— 合著
葛瑞絲 ——— 譯

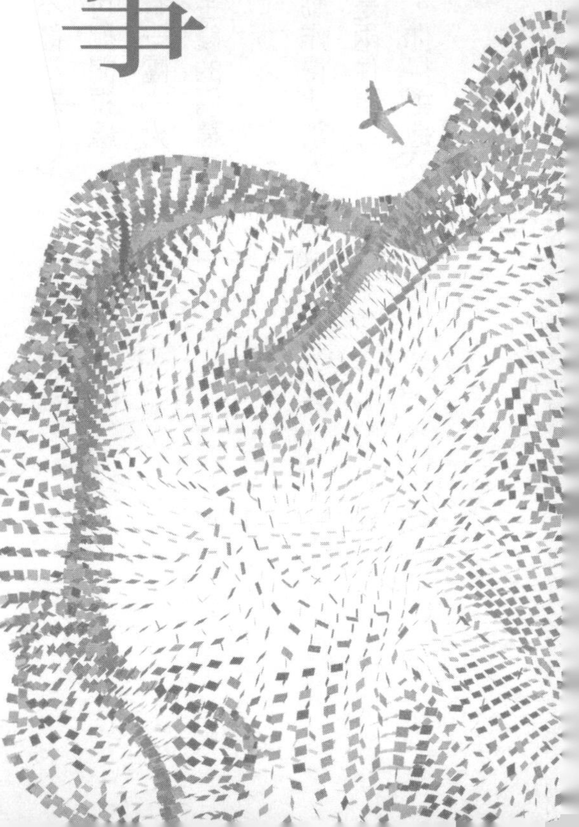

부자 수업

遇到不懂的事，
就把自尊心擺在家裡。
一段38天的背包旅行，
就此改變人生境遇。

大是文化

contents

第二章 不要炫富，而是讓自己成為名牌 073

第三章 不管你把錢花在哪，都要拿到收據 151

第四章 遇到不懂的事，就把自尊心擺在家裡

推薦語

這本書不是在教你從股市賺到上億的技巧，而是在分享一位富人對於人生與金錢的價值觀，從與富人一起旅行的一篇篇故事，體現一位從廚房助理，自行創業開了釜山最大日式料理店與藥品公司股東，再把錢投入股市獲利千億韓元的心路歷程。

書裡一段話令我感受很深，請你把身段放得比現在更低，否則就會在不知不覺中鬆懈。想達成更大、更強的夢想，卻沒有為了夢想而鍛鍊自己，就不會順利。當巨浪湧來時，最好的方法是正面穿越海浪。

——《雨果的投資理財生活觀》版主／雨果

本書中記錄了作者與韓國股神，在歐洲背包旅行兩個月所學的財富、人生智慧。從這本書中我學到五件事：一、不擔心未發生的事，先行動；二、面對困境，勇敢直面挑戰；三、決心不放棄，以熱情換取經驗和智慧；四、追夢時要謙虛自信，勇敢面對挫折；五、人生如旅程，可選擇跟團或自由行，體驗不同生活。

本書融合了真實旅途照片，透過對話和比喻傳達億萬富翁的人生觀和投資觀，寫作流暢、平易近人，推薦給仍在人生旅途上的朋友。

——《我畢業五年，用ETF賺到四〇〇萬》作者／PG蔡至誠

四十六歲的出版社主編被迫離開職場，描寫中年迷惘的心情十分入味，看到他和我當年一樣很常去咖啡廳、圖書館，不禁會心一笑。

這本書也是他和韓國巴菲特朴成得的歐洲遊記，途中朴老師像是人生教練，手把手傳授面對挫折時的人生智慧，書中滿滿的金句醍醐灌頂，像是「不要怕命運開的玩笑」、「不要在別人成功的領域上東張西望、專注在喜歡且擅

長的事情上」。人生和自助旅行一樣，都需要練習，本書很適合中年朋友，作為人生下半賽局的思考書。

——《提早退休說明書》作者／姍人

先說結論，這本超級無敵好看！

我最有同感的一段話是：「究竟是怎麼不靠上課，就了解法律、會計、稅務和經營相關的知識技巧？」我也常被問到這個問題，其實，只要親自遭遇一回，自然就能學會，那是人生經驗的堆砌，而不是書本知識的累積。

書中最讓我感同身受的一段話，是兩位作者到了海德堡，穿梭在校園中時，富翁說道：「雖然我已經盡了全力，不後悔自己的選擇，但對於沒有好好求學這點，還是感到遺憾，那份貧乏總是讓我心痛……。」我在努力學習新知的同時，也總是心懷遺憾。

看著作者與老師一站一站的前進，有時我會掉進自己的回憶裡，認真的想著，我到底是怎麼活成現在的樣子。旅行，不一定是為了吃喝玩樂，說不定更是為了找回被自己遺忘多年的初心與純真。

——《A大的理財金律》作者／A大（ameryu）

人生就像旅行，旅行能培養一個人的三觀。本書以輕鬆的遊記記錄作者與富翁一同旅行的真實經歷，並通過旅途學習富翁的金錢觀及智慧，內容淺白好讀，彷彿身歷其境的與兩人遊歷了歐洲各國。同樣身為投資人的我，也常透過旅行跳脫舒適圈，常常能意外發掘未知的投資機會。財富的多寡取決於對這世界的認知，因此旅行對我也是工作重要的一環。

要將夢想轉為實際行動，本來就是一件不容易的事，人生中遇到的挫折都將會是未來成長的能量，也是實現夢想的養分，你準備好開始追夢了嗎？

——「鴕鳥胃投資隨筆」版主／鴕鳥胃

作者簡介

朴成得

被稱為韓國巴菲特的傳奇人物。自幼被父母拋棄、遭親戚冷嘲熱諷與虐待，15 歲逃到韓國釜山，在壽司店當廚房助理，後來成為著名飯店的日式料理餐廳主廚。

之後自行創業，開了釜山最大日式料理店「大漁」，還成為韓國現代藥品的最大股東，他把賺的錢投入股市，締造獲利高達 1,000 億韓元（約新臺幣 23 億元）的奇蹟！

姜鎬

前出版社編輯。2006 年邀請朴成得寫下暢銷書《超級螞蟻朴成得的股票投資教科書》。兩人因一同著書而結下緣分。

與朴成得相識十餘年，偶爾會獲得朴老師的忠告，偶爾受到斥責，是良師益友的關係。

在出版社任職 14 年後，突然「被離職」，已經 46 歲卻不知該何去何從，只好每天在圖書館殺時間……

前出版社主編
姜鎬

姜鎬，你要不要跟我一起去歐洲自助旅行？

億萬富翁
朴成得

一個對人生茫然的失業編輯，因為一通電話，
和早就財富自由的億萬富翁，展開長達 38 天的背包客旅行。
本書就是姜鎬的旅途筆記，
呈現 38 天來億萬富翁教給他的財富智慧。

前言

離職後，億萬富翁邀我一起去旅行！

離開待了十幾年的公司後，除了對生活的茫然，我也經常感到孤獨，這是一種難以和家人訴說的孤獨。

「沒事的，你不要太擔心，只要像以前一樣生活就好。一切都在我的計畫之中。」我這樣跟老婆說，想讓她安心，但只要看著她哄著兩個孩子的背影，我的肩上就感受到一股龐大壓力。我知道，這就是一家之主該背負的生活重擔。

要裝作一派輕鬆的打給前公司同事，是一件相當困難的事情；無論我當初是自己選擇離職還是被辭退，他們根本不在乎，反正離職的人對他們來說都一樣，他們只怕不小心沾到我的霉運。

我曾經試著打給一個朋友，但那時遭到拒絕的回憶，在我的心中形成陰影，雖然表面上裝作什麼事都沒發生，但其實內心真的很難受。

「哦，你辭職了？為什麼？不管怎樣都該好好忍耐、硬撐住啊！你現在這把年紀還能去哪裡？今天晚上想出來吃飯？唉唷，最近公司很忙，今天我也要加班，不然還能怎樣？下次再見啦，先掛囉！」

在那之後很長一段時間，我都無法再鼓起勇氣打電話給任何人。四十六歲的我，經歷了相當沉重的孤獨。

離職後，我終於明白為什麼離職的人都想找一個小空間待著，因為實在無處可去。

剛開始，我很常去咖啡廳，但這不是長久之計，看著每個月按時進帳的薪水突然消失，我便開始為生活中各種雞毛蒜皮的小事操心。

看到這樣的自己就覺得煩躁，我都已經這把年紀了……經過一番苦惱後，我改成上圖書館，畢竟就算坐上一整天，也不會有人對我翻白眼。我想，在這裡至少能盡情的看書。

＊＊＊

「姜局長，請來釜山一趟。」接到朴老師這通電話時，我正因為陷入苦惱之中，所以跑到圖書館百般無聊的閒晃。他告訴我，他先打電話到我的前公司才知道我離職了。老師總是稱呼我為局長，因為這是我在前公司的職稱，但他仍持續這樣叫我，這其實也是老師與眾不同的地方。

通常被公司裁員後，大家都會自動改為直呼名字，不加職稱，這是社會的常態。雖然還是有人會先裝作沒這回事，但不少人在聽到對方離職的消息後，就會立刻改變稱謂；這沒什麼大不了的，可以把這想成是一個切斷關係的好機會，藉此區分哪些人脈值得維持。

不過，話說回來，雖然這並不是什麼值得開心的事，可是，就算知道我離職了，老師似乎不打算改變對我的稱呼，反倒在電話的另一頭操著濃濃的釜山腔，說道：「只要你當過局長，一輩子就是局長。」

在一陣問候之後，老師邀請我到釜山去，說要在札嘎其市場（按：釜山規模最大的海鮮市場）一起吃大盤生魚片，我便答應了。其實也沒什麼理由好拒絕，一般人離職後也會獨自旅遊，甚至還會出國一人行，那我就以拜訪朴老師為藉口，去釜山走走好了，那裡還看得到海！同時，我心中也隱約懷抱著期待，心想若是環境改變，想法和心態或許也會跟著變化。

「姜局長，我們一起去當背包客吧！」在札嘎其市場吃完滿滿的毛蟹、生魚片和辣魚湯後，我跟朴老師面對面坐在咖啡廳裡，他不經意的拋出這句話。我愣了三秒鐘後，大聲笑了出來，老師今年已經六十歲，我則是四十六歲，不管從哪個角度看，我們都不是適合去當背包客的組合。

「你還真會開玩笑！」

我以為老師是想要讓眼前這個無精打采的人笑一笑，才說這種玩笑話，但並非如此。他認真的說：「錢的部分不用擔心。你先徵求你太太的同意，問問看你可不可以出國旅遊三個月左右。」

我又笑了，然後我們又聊到其他話題，聊完我就返回首爾。在回程的火車上，我把跟老師討論過旅遊的事忘得一乾二淨。

但是，兩天後我接到他的電話，劈頭就問：「你太太同意了嗎？」霎時間我還搞不清楚狀況，有點慌張，老師則提醒道：「我是說出國的事啦！」

原來老師是認真的！我回想了一下，才想起前天在釜山，老師提過要去當背包客的事。難道他覺得這個玩笑話這麼有趣，有一講再講的必要嗎？

「老師，一點都不好笑。」我回覆道。

「我不是在跟你開玩笑！你趕快問一下你太太，然後打給我。」

我還來不及回應，電話就掛斷了。老師是認真的嗎？我半信半疑。不過，看來還是必須問問老婆。

「去當背包客？哈哈，朴老師這樣說哦？多久？三個月？哈哈，想太多了吧？你真的相信他講的話嗎？你覺得他是認真的？你太單純了啦！想想看，人家是圖你什麼，才要跟你一起去旅行？就算你們有十年的交情，老師究竟為什麼邀你一起去當背包客？他不只是百萬富翁，而是接近億萬富翁的人耶！但既然他已經問了，總要給人家一個答覆……好啊，我允許你出門兩個月，三個月太長了。哈哈哈，朴老師真幽默。」

這就是我老婆的反應，也對啦！如果是我，應該也會這樣回答。老師應該是在開玩笑。

* * *

隔天我又接到了電話。

「你太太說什麼？」

「哦！她說三個月太長了，兩個月還可以。」

「是哦？那好啊！看樣子南美是去不了了，但可以在歐洲待兩個月。」

「咦？認、認真的嗎？」

「當然是認真的啊！我騙你幹麼？趕快告訴我你的帳戶號碼，收到錢之後立刻去買機票和歐洲鐵路通行證！」

所以是真的要去？我腦中突然浮現出各式各樣的煩惱。

「老師，我英文很差耶！」

「但你看得懂吧？走啦！」

「但我的方向感很差，是個大路痴。」

「我方向感超好，很會找路，走啦！」

「可是我從來沒有訂過飯店。」

「這次試試看不就得了，走啦！」

「老師，我打呼聲很大，你可能會睡不好。」

「姜局長！**人並不是一生下來就什麼都會**。如果真的是這樣，這世上早就不會有我這樣的人了。我十五歲的時候一無所有，從釜山的最底層開始往上爬。旅行和人生哪有什麼不同？關關難過關關過，說什麼這個不行、那個不行，統統是藉口！如果你的打呼聲很吵，睡前用洗衣夾夾住你的鼻子不就得了？所以我們走吧！」

然後，電話就被掛斷了。我已經沒有時間再猶豫了，沒錯，老師也不是一開始就是百萬富翁。他十五歲來到釜山，先在日式料理餐廳當助手，一路上也曾被討厭，甚至挨揍，一路慢慢往上爬，當上飯店廚師後，又成為釜山最頂尖的日式料理餐廳經營者，之後又變成股票投資人。

想到這裡，我的精神立刻就來了，老師現在不就是在給我機會嗎？原本應該是老師堅持不去，我拜託老師去的，現在立場卻調換了，那我到底還在猶豫些什麼？

＊＊＊

當然，我還是會感到不確定，畢竟我必須在四十六歲這種老大不小的年紀重新開始人生。

雖然在離開公司時，我豪邁的說「我要去找回我的夢想」，就這樣抬頭挺胸的離去，但現在仍得拚命為自己找一個維生方式。這跟二、三十歲失業非常不同，每天一醒來，就有一股茫然的感受，重重的壓在肩膀和脖子上。在這種狀況下去當背包客，讓我害怕是不是對自己太好了。

「你就去吧！這是個很好的機會，不知道那裡會有什麼。」老婆聽完我的困擾後，拍拍我的肩膀，像在勸告朋友一樣。

「可是……我覺得現在這個狀況……。」

「『在雨中跳舞吧！』你記得你說過這句話嗎？就去吧，我爽快的允許你去兩個月。」

「……！」

在雨中跳舞，是我即將邁入四十歲的時候，對老婆說出的決心：

在四十歲之前，
我都像個傻瓜一樣，只是等待。
讀小學的時候，
一心等待學校放假；

讀國中的時候，
一心等待期末考結束；
讀高中的時候，
一心等待進入大學；
進入大學後，
一心等待靠自己的力量賺錢；
進入公司後，
一心等待著成功；
美國作家薇薇安．格林（Vivien Greene）說過：

「生活不是要等待暴風雨過去，
而是學會在雨中跳舞。」
多希望我能在更年輕的時候就理解這句話的涵義，
太可惜了。
不過，至少現在我要學會在雨中跳舞。

我雖然曾對老婆說過這句話，但似乎早就忘記了。

沒錯，出發吧！學會在雨中跳舞吧！不，就在雨中跳舞吧！

一七八九年九月三日，歌德（Johann Wolfgang von Goethe）在舉辦完三十七歲生日派對後，隔天凌晨三點偷偷離開家裡，只拿著行李和獾皮製背包，突然坐上馬車，沿著那條路前往義大利旅行。

他說：「如果不這樣做，人們不會讓我離開。」

我的心情就如同歌德，我覺得，生活在暗示我要出發：「稍微休息一下吧！已經為你準備好如寶石般珍貴的時間與機會，為什麼你卻要意志消沉的度過？不管是狂風暴雨還是陽光普照，都儘管出發吧！這個世界比你想的還要更廣闊，生活比你想的還要更豐富，去感受看看吧！」

於是我決定出發，兩週後，我就要搭上前往歐洲的飛機。若不這樣做，我不會讓自己離開的，反倒可能被生活的重擔壓垮，每天都活得戰戰兢兢。

第一章

「無謂的擔心」不能稱為準備

英國、法國

01

只是無謂的擔心，不能稱為準備

實際要開始準備出國時，我心裡卻突然害怕了起來，對什麼都感到生疏，不知道該從哪裡開始著手。之前全家一起去濟州島旅行的時候，我也是把訂機票、預約住宿等大小事都丟給老婆。

光是找出及購買指定日期的機票，就不是件容易的事，每間航空公司都有不同類型的機票，即使是一樣的票，也要用特定方式購買才會便宜，找出其中的方法並不容易。連在韓國都這樣了，實際到了當地，又會遇上什麼棘手的事情？無謂的憂慮接二連三的浮現。

我死命盯著螢幕，都快把螢幕看穿了，最後還是只能重重的嘆一口氣。茫然的掃過書櫃，突然看到我和某位韓國作者一起製作的書，腦中突然浮現那位作者對我說過的話：「**你知道為什麼韓國足球很厲害嗎？**」

我搖搖頭之後，他說：「這都要歸功於韓國人的精神──**先踢球再跑**。」

說這段話的人，是曾經擔任CJ集團行銷部長的申炳澈博士，他是目前當紅的韓國食品技術公司「外送民族」的行銷顧問。他說，韓國之所以能達到跳躍性的經濟發展，或在奧運會屢屢獲得驚人成績，其中一個祕訣就是踢球後追著球「跑到死」。當時我對這番話嗤之以鼻，但事後越想越覺得確實如此。

沒有去做的事，自然沒有成功的可能性。如果要百分之百確信會成功才願意做，因此而一再拖延，時間就會頭也不回的溜走。

如果想讓自己的人生充滿各式各樣的豐富經驗，就要先朝著自己期待的方向踢球，然後再追著球全速奔跑，這樣才會產生變化。

「辭職後該怎麼辦？做什麼工作才能負擔全家人每個月的生活開銷？」這些問題以恐懼之名捆綁著我們，從某個角度上來說，其實我十四年來都因為恐懼而被綁在同一間公司裡。需要守護的家人、職場生涯、不想落後的念頭，一旦被這些東西蒙蔽，十幾年的時光如同白駒過隙。在這段時間內，夢想中的工作、想去的地方、回顧自己的休息時間，都被我拋諸腦後。

所以，無論是夢想、旅行，還是與心愛的人一起共度時光，只要是你重視的事，就應該要先「踢球」，踢了之後，再為了搶球而奔馳，這樣就好了。這股力量雖然單純、卻很強大。回顧過往，那些我選擇先踢球再說的事情，大多都如同實習經驗一般，讓我變得非常優秀，進步的程度連我自己都覺得不可思議。回想這些經歷時，我就明白，**無謂的擔心還沒發生的事，並不是準備**。

被譽為「講道王子」的牧師查爾斯．司布真（Charles Spurgeon）說：「禱告十分鐘，比反省十年更好。」而我從老師這裡學到，最好的準備方式就是禱告十分鐘後，立刻踢球。

這樣想之後，旅行的準備便一氣呵成。到了出發前一天，我發現跟我擔心的不一樣，每項大小事都處理得乾淨俐落。超過四十歲後，我再次意識到，我們非常需要「先踢球再說」的精神；如果對世界的好奇心持續減少、覺得學習新事物很費力，就會害怕改變，變得安於現狀。沒有人一出生就是個老頑固，而是當你過於相信自己的經驗、習慣憑經驗過生活的安逸，對變化視而不見又迴避挑戰時，才會變成老頑固，開始嘲笑其他勇於挑戰的人。

所以，在即將面臨新事物、恐懼遮住你的視線時，不該忘記：

先踢球再說。

踢了之後，就盡全力奔馳，到心臟快爆炸、肺像氣球般膨脹的程度。

02 面對風險，絕對不可挪開視線

從剛剛到現在，老師都一動也不動的盯著窗外看，我猜想，大概是想欣賞飛機起飛時，地上的建築物和道路逐漸變得像玩具一樣小的景色，才一直盯著窗外看。但是，已經過了三個小時，老師依然死死盯著窗外，窗戶都快被他盯出一條裂縫了。

朴老師從廚師變成釜山頂級的生魚片餐廳經營者，再戲劇性的成為股票投資人，因為有這樣的資歷，所以我一直覺得老師是個神奇的人。但我不知道他個性這麼奇特，會在飛機上盯著窗外長達三個小時。

到這個時候，我總算忍不住說道：「老師，你從剛剛到現在，都一直看著窗外呢！」

老師的視線依然沒有離開窗戶，只是回答：「我的好奇心很強。」

「……。」

雖然已經認識十年，但我們還是第一次一起出去旅遊。氣氛有點尷尬，不過我也沒有繼續追問，只是在飛機上漫無目的的左顧右盼。過了好一陣子後，我再次看向老師，但他仍然沒有改變姿勢，所以我鼓起勇氣問道：「老師，窗外有什麼好看的東西嗎？」

那時，老師才把視線從窗外轉向我：「我正在觀察飛機的機身會如何隨著雲的形狀擺動。你看外面那些雲，如果那些雲像羊毛一樣平平的鋪著，飛機就會平穩的飛行，不會晃動；但如果可以在雲的縫隙間看到地表、各處都出現直立的雲柱，那飛機肯定會晃動。沒什麼啦，我只是在觀察這個現象。」

老師真是個神奇的人。一般人大多都在飛機上睡覺、看電影、讀旅遊書籍，計畫下飛機之後要做什麼，但他完全沒有做這些事的打算。

他反而望著窗外觀察雲層，親眼確認小飛機與大飛機的高度落差，並從雲層分布來預測飛機會晃動還是平穩飛行，還會藉由預測飛行路徑，確認現在是在中國上空還是在西海附近。不過，究竟為什麼要這麼做？

我跟老師說其他人都會在飛機上睡覺、聽音樂，如果覺得這些事情很無聊，也可以計畫下飛機之後要做什麼。而老師回覆道：「**我會深入觀察風險，確認風險範圍並事先做好準備**，但不太會計畫玩樂。我是喜歡玩樂沒錯，但很討厭被帶來帶去，受到行程限制，所以我不太喜歡參加旅行團。」

一般人遇上危險，往往只會想著躲避，不會計畫該如何面對，因為越想就越頭痛、越不安，最後只會大喊：「吼，我不管了啦！我不知道該怎麼做啦！」但如果說到玩樂，反倒又來了精神，安排緊湊的行程，一分一秒都不想浪費，決心玩到筋疲力盡為止。所以，一般人不會想花時間因應風險，而在玩樂的時候，也會因為太想「值回票價」而忘了玩樂的真諦。

不過，老師真的很特別，跟大家完全相反，他在**面對風險時，連一秒鐘都不願意挪開視線**。不管是自己能控制的領域，還是搭飛機這種自己無法控制的事情，他總是會觀察，試圖察覺風險所在，我覺得已經變成了他的本能。

「在生死關頭，我能盡力做的最後一件事就是發揮我的觀察力。萬一這架飛機真的墜機，至少我可以早點發現，付出一丁點的努力，像是趕緊拿出包包減少衝擊。我一直以來都是這樣生活的。」

老師以前就跟我說過類似的話，那時我們在高速公路上，他提醒我開車時，除了注意旁邊的車，還要留意對向車道的車；要在腦中模擬對向車道奔馳的車子要是越過分向線，應該把方向盤轉向哪邊才能閃避。那時我心想：「老師也太誇張了吧！」然後一笑置之。不過，在我跟老師一起搭飛機後才明白，那並不是他在杞人憂天，而是在做準備。

相反的，他對於旅行時有什麼東西值得看、值得體驗則完全不在意，根本像是完全沒有興趣。我們搭的班機在抵達倫敦前，會先到法蘭克福轉機，但老師仍得問我：「姜局長，我們會先抵達歐洲的哪座都市？」還問了好幾次，害我氣得想翻桌，差點對著他大吼：「老師，登機證上寫得很清楚，剛剛在仁川機場的自助報到機上也清楚寫著『倫敦』兩字，而且我已經說了很多次了！」

不過，看到老師問我這些問題時的天真表情，我隱約感覺到，他總是以不同於常人的視角來看待並了解這個世界。

仔細想想，老師的這些舉動跟投資股票時非常相似。投資人不也要時時刻刻觀察市場嗎？老師說，剛投入股市時，他每天晚上都打開財經節目，即時觀察美國那斯達克指數（NASDAQ）和道瓊指數（DJI）的動態；睡到一半醒來，也會先確認一下指數再回去睡。

老師十幾年前撰寫投資書的時候，便曾提到這件事。**密切關注股市、國內狀況與公司財報，不斷關注各種指標，後來就能清楚看見人心會如何隨著市場動向改變。**

因此，我的腦中浮現一個念頭：「在這趟旅程中，我要努力觀察老師，深入挖掘他的知識與習慣，分毫不差的複製到我自己身上。」

我到現在都抱持著「船到橋頭自然直」的心態，但實際遇到危機時，我仍舊感到驚慌失措，心情一落千丈，對於該做什麼、該怎麼辦，完全沒有頭緒。經歷這些危機後，我才明白為什麼國家或軍隊會事先準備安全指南，用以因應緊急狀況；我們雖然是個體，也應該預先想好緊急情況的對策。

「應該要像老師那樣做才對！」我下定決心。

老師的螢幕上輪流播出飛機路徑、從上空俯瞰地表的畫面及時差等資訊。原本我想趁這段時間看部電影，但我後來也跟老師一樣看著這些輪播的畫面。就這樣，直到飛機在法蘭克福降落之前，我們兩人在飛行的整整十二個小時都盯著螢幕。老師的好奇心超乎我的想像，不停的問我問題：

「姜局長，現在這裡是哪裡？」

「姜局長，現在到中國了嗎？」

「姜局長，現在還在俄國上空嗎？」

「姜局長，現在高度已經超過三萬英尺了耶！」

「姜局長？」

老師不停綜合比對螢幕上的數值、窗外的風景和現在飛機的晃動狀況。飛機快降落時，我問他：「你連一刻都沒有睡，持續確認飛行狀態，不累嗎？」

那時，他以「說什麼傻話」的表情，笑著回答：「我真的很喜歡這種東西，很有趣。」

天啊！難道老師是外星人嗎？一股莫名的不安感襲來。看來，這趟旅程不簡單。

「不管會發生什麼事，都試試看吧！」我握緊拳頭，默默幫自己打氣，但也不免擔憂：「不過，應該不會死吧？」

03 每個人的內心，都有一團「火」

「今天我們要去哪裡？」

今天老師不需要「戰鬥」，而所謂的戰鬥，指的是確認股市狀況。歐洲凌晨一點時，韓國股市開盤，所以他每天都是晚上七、八點睡，然後一點起床，到韓國收盤的七點左右再準備用餐。因此，我也要配合老師的行程。

睡了一晚後，我們就像夫妻一樣越來越親近，沒有隔閡，老師甚至會趁我睡著的時候對我惡作劇。雖然勉強從床上爬起來之後，一起喝杯咖啡、天南地北的聊天也很有趣，但我擔心如果一直這樣下去，我可能會累倒。

不過，幸好股市週末休息。在這種日子，我們就可以沒有後顧之憂的賴床，但明明今天不用戰鬥，老師卻一大清早就起來，把我從香甜的睡夢中叫醒。他對還沒睡飽、頭髮亂糟糟的我問：「今天要去哪裡？」幸好我昨天已經規畫好大致的行程了。

「今天會去貝克街的福爾摩斯博物館、旁邊的杜莎夫人蠟像館，還有披頭四紀念品店。」

「披頭四紀念品店？好，那裡應該不錯。」

老師的表情跟平常不太一樣，臉上好似蒙上了一陣陰霾，正當我要提起這件事的時候，老師立刻轉變成明亮的表情，說道：「我們去吃早餐吧，要吃飽，因為可能不會吃午餐。」

「老師，要吃午餐才行。你看看我的身體，要是少吃一餐，這麼龐大的身軀要如何運作？」

「你應該減肥，我看你肚子和屁股儲存的營養，餓一餐應該沒差，但也不能因為這樣早餐就吃太多。」

唉，完蛋了，旅程才到第四天，我的牛仔褲好像已經變鬆了，都是因為我進食的量不到平常的一半。我必須想點辦法，還是我該偷偷挪用緊急預備金去買東西來吃？簡直就像在當兵，還得偷偷藏一根巧克力棒在身上。

這趟旅程跟我想像中的旅行實在差太多了，我原本以為就算沒辦法吃到山珍海味，至少可以盡情享受異國美食，不用煩惱價錢。在答應老師的邀約之前，我從沒想過會發生這種事。

「費用全部由我負擔。不要跟我客氣。先開口邀約的人是我，我有錢，所以開銷由我負責。我知道你會講外文，懂得也多，你只要負責那部分就行了。不過，要請姜局長負責會計，之前你說過你想學嘛！行程安排和住宿也由你負責，因為就算叫我做，我也做不來。反正不管怎麼說，都是姜局長要做。總之，絕對不能用自己的錢喔！一定要遵守，我們約定好了哦！」

我當時就很好奇，為什麼要叮囑我不能用自己的錢，難不成是怕我自己去買吃的？結果最終目的還是要我減肥？

* * *

我們抵達福爾摩斯博物館時才十點，卻已經排了很長的隊伍。我趕快買票排在隊伍後面，可是明明過了很久，隊伍仍沒有移動多少。

「我們先去那裡好了。」老師指著旁邊的披頭四商店。

我回答道：「已經排好一陣子了，請再多等一下。我真的很想進去看看，這裡可是貝克街221號B，就是小說中福爾摩斯住的地址，看起來就好像福爾摩斯真實存在、真的住在這裡一樣！」

「好吧，我知道了。」

不知道為什麼，老師不滿的表情讓我很介意，可是唯獨這個景點我絕對不能退讓，我一定要進去。

我們又等了好一陣子，才終於進入福爾摩斯博物館，但老師看起來一點也不感興趣，一副愛理不理的樣子，大略瀏覽過裡頭的家具和展示品後，丟下一句「我要走了」，根本不聽我的回應就走下樓梯，來不及勸阻，如同逃命似的離開博物館。

我們排了一個小時，竟然只進來五分鐘就要走！我在老師身後喊了好幾聲也沒用，無可奈何之下，我只能心懷不滿的跟著老師走進披頭四紀念品店，店裡傳來〈我想要牽你的手〉（*I Want To Hold Your Hand*）的音樂聲。但這次也一樣，老師待不到五分鐘就奪門而出。

「等等，老師，你到底為什麼要這樣？」

我追在老師後面，像是在跟老師計較似的追問，但沒過幾秒，我就立刻閉上嘴巴，因為我發現他的眼眶溼溼的。當時，倫敦下著窸窸窣窣的雨，我猜想那會不會是雨滴，但並不是。

▲ 和小說中福爾摩斯的居住地址相同，位於倫敦貝克街 221B 的福爾摩斯博物館。

他說要走一走，我們便沿著兩側古色古香的紅磚屋，漫無目的的走了很長一段路，好長一段時間都沒有人說話。

後來，老師突然開口說道：「這裡、這裡，我的胸口非常疼痛、非常炙熱，實在無法承受，真抱歉。我連剛才商店裡播的那首歌的歌名都不知道，一句歌詞也聽不懂。但是那串旋律我記得很清楚，當我還是青少年的時候，曾在釜山街頭聽過那首歌。不過，我一聽到那首歌，不知道該怎麼表達，我的心好痛，沒辦法好好說明。」

雖然已經認識老師十幾年了，但我從來沒看過他這樣的表情。明明是看起來一無所缺的老師，身為廚師、餐廳經營者、股票投資者，他一旦決定了，就能以果斷的判斷力及驚人的執行力，減少睡眠、全神貫注獲得成果，這樣厲害的人竟

▲就在福爾摩斯博物館旁邊的披頭四紀念品店。

然突然其來的流淚，表情異常扭曲。

「就像你所知道的，我從十五歲開始就刻苦工作，因為只要稍微分神，就怕下一餐沒著落，所以我只能咬牙拚命工作。對我來說，學生時期、青春這樣的詞彙都是奢侈。我完全不羞愧，因為我真的很努力的活著。不過，有件事一直讓我很悔恨，如果當時少睡三小時，多讀一些英文，說不定就能解讀那美妙旋律的歌詞，說不定就能不受限制的闖蕩世界。但我不知道該埋怨自己沒做到，還是要埋怨父母沒有給我這種環境……。

「可笑的是，後來我還開始抱怨韓國人的祖先，沒辦法讓韓國變得像英國一樣繁盛，反而淪為被他國侵略的殖民地。這些想法和回憶，在我的腦中如火團一般燃燒，既炙熱又疼痛，我究竟該怎麼表達出來？所以我才沒辦法待在那裡。姜局長，你能理解這種心情嗎？」

老師說完之後，繼續默默的走著，我刻意稍微走得比他慢一些。這是我頭一次覺得，總是受人稱羨的老師其實很令人心疼，這讓我想到「花樣年華」這四個字；在像花朵般美麗、無法重新來過的耀眼時節，他卻身陷辛苦的勞動粗活與令人窒息的冰冷之中，為了活下來而掙扎著，想到這點，似乎就可以稍微理解他口中的「火團」指的是什麼。

我們又繼續走了很久。當老師稍微放慢腳步，跟我並肩同行的時候，他才再次開口：「我的好奇心很強，想知道的事情很多，所以才會在旅程中一直向你提問，問到你都煩了。其實，剛剛走進那間博物館的時候，我非常鬱悶，全球知名的夏洛什麼……。」

「夏洛克．福爾摩斯。」

「對，夏洛克．福爾摩斯，那麼有名的角色，我都快六十歲了，今天才第一次聽到。在排隊時聽你向我說明，激起了我的好奇心，我好想知道更多，但我不知道的東西實在太多了，讓我感到好委屈。後來，在紀念品店聽到的旋律又把我帶回到最痛苦、最敏感的時期，我既生氣又鬱悶，不管再怎麼努力說明，還是連十分之一，不，連百分之一的情感都無法好好表達出來。」

有些東西能這樣突然喚起我們的記憶，特定的音樂、香味或顏色，如同落入記憶之河的船錨；當熟悉的旋律傳入耳中，在短短幾秒內，我們就會不自覺的在記憶之河中逆流而上，飛到那旋律刻上心頭的時間點。

聞到麵包剛出爐的香味，就隱約憶起童年的人，應該擁有一段幸福的童年；相對的，對某些人來說，他們可能會聯想到餓到快昏倒的回憶。就算聞到宛如從天堂飄來的香味，也有些人會想起地獄般的過去，這樣的人，應該就是經歷過不幸的童年。

老師不也是這樣嗎？就算他說他把每天就當成在上戰場，對自己的人生沒有後悔，也不代表他沒有任何遺憾、失落和哀傷。

「如果能讓我回到那段時間，我一定會想盡辦法擠出時間讀書。不管是多老舊的字典，也要想辦法偷一本，撐開沉重的眼皮分析披頭四的歌詞、向路上的外國人積極的請教英文、徹夜讀福爾摩斯推理小說，還要學習我最喜歡的歷史。」他的音量越來越大，連一旁經過的金髮路人都往這邊瞥了一眼。

「雖然沒有人能夠毫無後悔的活著，但我希望至少現在的年輕人不會留下跟我一樣的遺憾。」

在回到住處之前，老師沒有再說任何一句話，回到室內後也不洗澡，躺上床倒頭就睡。他回到痛苦煎熬的年輕時期，那片刻的時間也很難受。如黃金般的時光無可奈何的流逝，該有多令人惋惜？

值得慶幸的事，老師的睡顏相當平和，看來他的憂慮已經在夢中解開了。他最後說的那句話仍縈繞在我腦海中：「我希望至少現在的年輕人不會留下跟我一樣的遺憾。」能不留下遺憾嗎？我沒有自信。雖然我比老師小十五歲，但名為後悔的情感，仍不時迴盪於心中。等我到了老師的年紀，能夠對自己的過往毫不羞愧嗎？

我再次看向老師熟睡的臉龐，沒有任何方法能撫平他心中的傷痕，我唯一能做好就是肯定他的過去。如果認同他曾經「徹底燃燒生命、全力以赴過」，應該能多少帶給他一絲安慰。

沉睡的老師突然展露笑顏。

至少在夢中，他能回到那段為生活奔波而過得虛空的那段時光，消除遺憾、盡情讀書。

希望在那裡，他能毫不後悔的享受屬於他的花樣年華。

04

投資和消費，對待金錢的兩種態度

我們來到聖潘克拉斯（St. Pancras，位於倫敦北部）車站，準備搭乘歐洲之星從倫敦前往巴黎。雖然已經事先訂好歐洲之星的車票，時間比較寬裕，但我還是手忙腳亂，因為要退還在倫敦使用的牡蠣卡（Oyster Card，倫敦地區的交通卡）保證金。

我們在抵達倫敦的第二天購買牡蠣卡，而老師自抵達車站那時起，就非常在意退還卡片保證金這件事。

「卡片保證金要在哪裡退還？你說可以退十英鎊（按：全書英鎊兌新臺幣之匯率，皆以臺灣銀行在二〇二三年二月公告之均價三五．一七元為準，約新臺幣三百五十元），對吧？這筆錢不少耶！一定要拿到。」老師散發出一股

「你沒拿到就完了」的霸氣。

之前，我已經在與聖潘克拉斯車站相連的國王十字車站（King's Cross Railway Station）嘗試取回保證金，但是以失敗告終，站務人員聽完我的疑問後，只是嚴肅的指著自動售票機；我想應該是我的英文不夠標準，他沒聽懂，看到我拿著牡蠣卡，就以為我要加值。

我到處打聽之後，穿過聖潘克拉斯車站（其實就在旁邊），走向諮詢中心，但車站內的兩處諮詢中心都無法提供牡蠣卡相關服務。

「往那邊走到底，有一個旅客服務中心。去那裡就能退保證金了，你自己找找看。」

聽到傲慢的站務人員說著不清不楚的引導時，我真的很想就此放棄，但往旁邊一看，卻對上老師嚴厲的眼神，害我嚇了一跳——他的眼神彷彿在說：「你沒拿到就完蛋了。」

如果我是一個人出來旅遊，很可能乾脆就不退了，直接把牡蠣卡當成紀念品帶回去，反正只是十英鎊的保證金而已。但跟老師一起就不一樣了，萬一沒有換成功，搞不好中午就要餓肚子，這可不是在開玩笑，他對錢斤斤計較，非常慎重。所以，我只好眼睛一閉，再次站起來，嘀嘀咕咕的往車站對面盡頭的旅客服務中心走去。

還好我遇到了親切的服務人員，他告訴我退還的保證金不只十英鎊，而是十一．八英鎊，然後收回我的卡片。

萬歲！我意氣風發的回到老師旁邊，拿出收據後說：「還多拿到一．八英鎊哦。」

老師這時才露出笑容。我望著那個笑容，沒好氣的說：「老師，你明明很有錢，為什麼對這種小錢這麼執著？」

「我沒有錢。」

「……？你在說什麼？沒錢？任誰聽到你這樣說，都會想罵髒話的。」

老師直勾勾的盯著我看，說道：「用來『投資』的錢，當然很多。我會從各個角度思考，絕對需要的花費我不會省，所以才會提議要跟你一起旅行。這不是一筆小錢，對吧？不過跟你一起旅遊的花費，對我來說就等於投資，因為你是陪同我旅遊的朋友。」

他閉上眼睛，睜開後繼續說：「不過，**我沒有用來『消費』的錢**，**尤其是那種因為很麻煩而浪費掉的錢**，我花不起。買卡片的時候，說好可以退還十英鎊保證金，那就應該要拿回來。不管你多有錢，如果你會浪費這種錢，那就做不了生意，這種心態最後反而會害到自己。」

這讓我想起某本在韓國引發騷動的書，裡頭說過的一段話：「首先，要了解資產和負債的差異。如果想成為有錢人，只要了解這點就行了，這是第一個規則，也是唯一的規則。」

老師購買資產時，花錢的單位非常龐大，投資規模超乎想像。只要發現好公司，他就會立刻分析，分析後若覺得是一塊沃土，就會立刻買進；他說：「即便賣掉老婆的內褲，也要買那張股票。」然而，如果不是要用來購買資產，他在花費上卻非常克制。

這讓我回想起十幾年前，第一次認識老師的時候。當時，老師提議去他家吃晚餐。因為我曾看到他是百億股票富翁的新聞報導，所以滿心期待，不曉得百億股票富翁的家會有多華麗，結果卻讓我嚇了一大跳——那竟是一間很小的公寓。當老師、一位同行者和我，三個人坐下來後，房子顯得相當狹小。過沒多久，師母端出味噌鍋和青陽辣椒（按：韓國培育的綠色辣椒）。

我的臉上藏不住失望的心情，老師笑著問我，是不是被寒酸的房子嚇到了；因為實在是比我所預期的小了太多，所以我坦白承認確實如此。他回應道：「房子是用來住的，以前或許有投資價值，但現在沒有。尤其是那些花大錢住昂貴公寓的人……為了能住進好公寓，很多人不惜傾家蕩產，甚至欠債，那麼做真的很危險。」

老師操著一口濃濃的釜山腔，有條有理的陳述他的邏輯，我只能持續把師母端出的味噌鍋和白飯塞入嘴中。

正當我沉浸在當時的回憶裡，老師接著說：「**如果把錢拿去投資，就會生出更多錢，但如果你怕麻煩、追求不必要的時尚，那筆錢就會消失**。從現在就該養成記帳的好習慣，買東西結完帳後，一定要拿收據，仔細檢查有沒有算錯，不要為了裝闊而吃虧。在這趟旅行中，我要從這點開始訓練你。」

真是的，不管是以前還是現在，老師總有辦法用一句話堵住我的嘴。儘管如此，還好我有和老師到處奔波，才學到很棒的一課。明明剛剛覺得很麻煩，甚至覺得這樣和別人求助不太體面，卻因此得到了收穫。

當我還在想這些事情時，老師突然大步往前走。有位老婦人身上披著破舊的衣服，前方放著一個空罐頭，我看著老師很有誠意的把我努力換來的保證金放入罐頭內。

他對待金錢的兩種不同態度，實在非常奇妙。

05

不要輕易打量人

離開倫敦的前一天，我去超級市場買了水和泡麵。

老師常常不吃晚餐。前面提過，韓國股市在歐洲凌晨開盤，所以他常常會在觀光行程結束後，回去火速洗澡，早早準備就寢。因此，我一定要在回到住宿地點的路上買晚餐，要是錯過了，連我都要跟著餓肚子。前一天就已經沒吃晚餐了，我不能再餓下去，都大老遠跑到歐洲了，總不能挨餓吧？當老師提議晚餐吃泡麵時，我馬上就答應了。

「因為飲食改變了，肚子總覺得脹脹的。這種時候，吃點像泡麵這種湯湯水水的東西也不錯，我們去超市買碗泡麵再回去。」

韓國人都習慣吃辛奇（按：韓國泡菜）和味噌，現在肚子裡都是西式料理的奶油和起司，當然無法適應，總覺得肚子脹脹的。

到倫敦的第四天，灑滿奶油和起司的餐點大大影響了我們的腸胃。若想讓這種不舒服的感覺鎮定下來，最簡單的辦法就是吃泡麵，於是，我絲毫沒有猶豫的走入超級市場。

左右張望好一陣子後，我終於找到印有日本風格圖樣的泡麵。不過，我發現結帳的店員相當不親切，那個阿姨剛剛幫前面的白人男性結帳時，還很親切的有說有笑，輪到我的時候表情卻充滿不悅，移東西時還像是用丟的一樣。

結完帳後，我跟老師抱怨，他立刻說：「那個店員會這樣，是因為她在打量客人。這是做服務業的人最不該有的姿態，我也是因為這樣才會收掉『大漁』（按：作者朴成得開的日式料理餐廳）。」

「打量客人嗎？」

老師就像在回想往事那樣，出神的望著我們住處那一側的天空，說道：

「我開大漁的時候才二十五歲，那時我告訴自己，不管上門的是達官顯貴還是流浪漢，我都會對他們提供最頂級的服務。你想想看，經濟條件不好的家庭來我的餐廳吃一頓飯，對他們來說是一件多麼不得了的事？通常都是家中有人生日，或是發生了值得慶祝的事情，才會特地來吃。讓他們進來享受令人滿意的服務和美味的佳餚，那份成就感是難以比擬的。看到他們心滿意足的離開，那樣的背影讓我的內心感到富足。」

「但是，這跟收掉大漁有什麼關係？」

「大概過了十年左右，生意變得很好，也累積了一些錢，就會開始打量客人。『這個客人會買多少價位的食物』、『如果我好好招呼這個客人，他就會介紹更多客人過來』……會開始用這些標準打量人，導致服務缺乏誠意。

「做生意的人到了這個階段，勢必會開始走下坡，但我不想等到搞砸了『頂級餐廳』的名聲才收掉，於是我告訴員工，六個月後就要收掉餐廳，只營業到那年的十二月三十日，三十一日打掃後就關店。我在那裡奉獻了超過二十五年，心情當然很難過，可是我覺得這個決定是對的，因為我沒有讓大漁的客人失望。」

我們在社會上，本來就常常打量他人，或被他人打量。像是看到穿著有點破爛的人，就不禁輕視對方，看到做粗工的人，則默默鄙視。不過，人們很快就會發現，那些**會打量客人、給予差別待遇的店家，客人不會想去第二次，**所以那些店終究會倒閉，無一例外。

「不要打量人。」

我告訴自己要銘記這句話，不知不覺間，已經抵達了飯店。我滿心期待終於能吃到泡麵，立刻開始煮水，看得出來老師心裡也很期待。過了三分鐘後，老師迫不及待的撈出一口麵放進嘴裡，表情卻有些扭曲。

接著，老師放下叉子（我忘記拿筷子，跟飯店要叉子），說道：「你剛剛說你很餓吧？我的都給你吃。我突然不餓了，我去洗澡，等等就先睡囉！好累哦。」

看他這副模樣，肯定有什麼心虛的事情。嚐了一口泡麵，味道果真如我所料，除了有些不自然之外，還有難以忍受的辛香料味和油膩感，他竟然想讓我一個人吃掉！為了報復，老師拿著毛巾，正準備進去沖澡時，我揮出決定性的一擊：「浪費食物會遭天譴喔！」

「什麼？」老師驚慌的回覆道。

那天晚上，我夢到了韓國泡菜。

06

光勤勞不夠，你的動作得比別人快兩倍

在巴黎的最後一天，我們逛了羅浮宮。在這趟旅行中，我們看到了大英博物館、羅浮宮和其他宏偉的教堂與建築物，老師望著建築物時，臉上總會露出一絲落寞。

「這是什麼時候蓋好的？」

他常常問這個問題，而當我回答是十八世紀或十九世紀時，他就會一直感嘆道：「那時韓國在做什麼呢？」憑著我淺薄的歷史知識，面對老師連珠炮式的提問，只能提供貧乏的回答，無法滿足他旺盛的好奇心，幸好還能憑藉手上的智慧型手機，勉強彌補缺乏的知識。

在一連串的你問我答之後，離開羅浮宮時，我們兩人有如浸了水的棉花，全身鬆散又無力，也突然感到飢餓。我們想找點東西吃，所以立刻進去附近相當有名的讚岐烏龍麵店，點了兩碗天婦羅蓋飯，另外加點一碗烏龍麵分著吃。

餐點一端上來，我就迅速塞到嘴裡，這副模樣在外國人眼中應該很粗魯。我本來不會這樣子吃飯，吃相會變成這樣也是老師害的。在旅途中，我發現他吃飯的速度非常快，我才吃一、兩口，他就已經吃完的情況也很常見。

不只是吃飯，他抽菸的速度也超快，洗澡也只花幾分鐘，甚至連上廁所也是如此。不管是什麼大小事，會拖到大家的都是我。

「老師，你真的吃太快了，不對，幹麼做什麼都這麼急？又沒有人在後面追你。」

我一說完，老師便開玩笑似的回答道：「當然要快！這可是我從小就養成的習慣。」

「小孩子飯吃太快會被罵吧！不是說不能比大人更早放下湯匙嗎？」

「那只適用於你這種在衣食無缺的環境下長大的人，像我這種從小生長在貧困家庭的人，動作慢就吃不到了。從那時開始，我做什麼事的動作都變得很快。」

這個回答讓我無話可說。**在他的童年，勤勞不代表有飯吃，動作還得比別人快上兩倍，也要比別人多做兩倍的努力。**

老師接著說：「辛苦的員工生涯結束後，我自己開餐廳時也是一樣，只要耽誤一點時間，就算只差一秒，營業時間也會出差錯，所以不得不隨時保持緊張。通常我都是凌晨三點起床洗漱，四點出門，前往三千浦（按：位於韓國南部慶尚南道泗川市）的水產拍賣市場。接著，要在上午八點前買到優質的生魚片，帶回店裡，回到店內就著手處理食材、準備員工的制服、確認當天預約的客人等，處理完就到了準備開店的時間。

「只要有任何一個環節出差錯，就很難準時開店，在那段時期，時間就像一個怪獸，在後頭不斷追趕著我。這種日子過了二十五年後，我的身體就已經習慣『快速』了。不過，現在不用開店，所以我也想要改過來，但不容易，因為『快速』已經像習慣一樣，深植於我的體內。」

二十五年來，他每天都跟時間進行鐘點戰，所以才會變得如此急性子。

老師說他十五歲離開鄉下前往釜山市區時，身上一無所有，如果動作沒有比別人更快，就不可能生存下去。

他繼續說道：「我只要去餐廳，就會在無意之間吃得很快。尤其，我很能體會老闆看到客人不斷湧入的心情，我也很能理解等待的客人，所以我才會不自覺的越吃越快，想要趕快讓出位置。」

聽說電機公司日本電產在面試時，會特別觀察面試者的吃飯速度，且偏好錄取吃得快的人。以前也看過報導說，吃飯吃得很快的人，事情也會做得很好，但當時我看完之後不太高興，心想：「公司是不是想逼員工減少吃飯時間，多多工作？」不過，聽完老師的一席話後，我覺得不一定是如此。

在技術進步與全球競爭的加速之下，現今社會進入超級競爭的環境中，社會千變萬化，人們的需求也一樣。需求就像《哈利波特》（*Harry Potter*）魁地奇比賽（按：魔法掃把比賽）中的金探子一樣，會消失好一陣子再突然出現，而且在出現的瞬間就必須迅速抓住，否則就會被他人捷足先登。

從這個角度來看，說不定在現今社會中，吃飯吃得很快這件事，其實反映出一個人的迫切感與行動力。雖說為了身體健康著想，應該要細嚼慢嚥、延長吃飯時間，但對於夢想的飢餓感，還有把想法付諸實行的「快速實踐力」，也確實是我們該學習的科目。

這天，我們真的是以迅雷不及掩耳的速度填飽肚子。在韓國平常一天只吃兩餐的老師，竟然瞬間解決掉一碗天婦羅蓋飯和半碗烏龍麵。但報應最終還是來了，當天晚上我們兩個都消化不良，胃痛得在床上翻滾，老師不得不拿出從首爾帶來的緊急用藥。

在藥劑的作用下，倒在床上的老師看起來莫名的可憐。我望著老師，希望從今以後，他能擺脫追在身後的時間怪獸，但在這趟旅程中，我們似乎沒辦法一直慢下來，因為我們是不熟練的觀光客，而歐洲的火車都是準點出發，所以只能匆匆忙忙的趕來趕去。

後來想想，我們的人生不也是如此嗎？第一次出發時，會感到不安、害怕、悸動，因為這是我們第一次走上這僅有一條的人生路。

07

自信心和自尊心，是兩件事

老師拉完肚子、在飯店房間裡又痛了兩個多小時後，拿出緊急用藥，吃完後小睡了一下，沒過多久又恢復精神。呼，差點就出大事了。

明天我們就要離開巴黎，所以在巴黎觀光到下午兩點左右就提早回飯店，可能是因為中午吃的烏龍麵還沒消化完，我甚至考慮要不要連晚餐都省了。

老師臉上恢復血色後，向我說道：「姜局長，我們去喝杯咖啡吧！我的肚子很脹。」

我們面對面坐著，在飯店大廳的咖啡廳裡喝著溫暖的美式咖啡，那時老師突然拋出一句：「你跟其他作家不太一樣耶！我這陣子觀察到，你雖然有自信，卻也不會因此放不下身段。」

霎時間，我耳邊傳來響徹雲霄的頌歌。從旅行開始到現在，我只聽過無數次的訓斥，從來沒聽過讚賞，而且這句讚美竟來自吝於稱讚的老師口中！

老實說，四十歲的大叔對他人的讚美沒有什麼抵抗力。不知道從什麼時候開始，責任和義務變得越來越重大，而有所成就也被視為非常理所當然的事，因為已經在公司待上一段時間了，勢必要隨著年薪的增加而交出一定的成績。

所以，被罵的機會永遠比被稱讚的機會還多。不管在家裡還是在公司，權力都越來越小，義務和責任則越來越大。正因如此，如果要讓四十多歲的大叔打開荷包，只要稱讚他就好。四十多歲的大叔，就算只是聽到服飾店店員沒有靈魂的讚美，也會笑得合不攏嘴。我會買下過於昂貴、不適合我的衣服，都是讚美惹的禍。

我進入四十歲大叔行列已經五、六年，所以非常渴望被稱讚。很久以前，跆拳道道館裡的老師因為我的出拳和抬腳成功碰到他的身體，曾經稱讚過我，從此，跆拳道就成了我的興趣。他人的讚美對我來說就是這麼重要，所以老師突如其來的稱讚讓我非常開心，旅途的勞累立刻煙消雲散。

我就像來參加試鏡、剛聽完審查委員評價的人一樣，以懇切的眼神等待老師的下一句話。

他似乎也明白我的心情，繼續說道：「我理解你現在的心情，就像腦中有個熊熊燃燒的火團，你擔心小孩、老婆和全家人的現在與未來。重新出發這件事，讓你的舌尖如同被燒乾、心臟好像被揪住一樣，非常鬱悶。」

沒錯，我是個沒有工作的人。這種責任感、不安與懷疑，我無法跟任何人訴說，所以常常在天剛亮的時候，偷偷離開家裡去抽菸，只要到了四十歲，許多人都會經歷一次，只是早晚的問題。

他接著說道：「這種時候**如果自尊心太強，就會裝闊，做出不合自己經濟條件的行為**。要重新出發的人如果還裝闊，就不可能成功，這個世界沒那麼好混。不過，**如果沒有自信心，也會搞砸一個人，因為即使是微小的挫折也會讓你意志消沉**。我身為一名廚師，也是一位餐廳經營者，真的見過很多人，大部分有自信、卻能放下自尊心的人都成功了。以這個角度來說，我覺得你的基礎算是打得很好。

「基礎打得很好的人，遇到危機時只要非常懇切，就一定會得出驚人的成果。現在你該思考的是，該如何時常以懇切的心追求遠大的夢想。只要堅持下去，到時某個能改變人生的東西就會出現在你眼前。人生的跳板會在意想不到的時候出現，不是有人會形容生意『像火一樣旺』嗎？那是真的，雖然在抓住機會之前都很困難，但只要抓住了，真的會像熊熊烈火一樣旺盛。所以無論何時都要保持懇切，當機會出現在眼前，大家還在懷疑時，只有懇切的人能抓住那個機會，把危機變成轉機。」

以懇切的心追求遠大的夢想，這句話在我心中留下很大的迴響。我有種莫名的安心感心想，：「說不定四十六歲的我，也能將遇到的危機變成轉機？」

老師又說：「我們要不要出去走一走？喝完咖啡後，噁心的感覺稍微緩和了，現在去消化一下。」

老師提議去散步，而我也想讓被莫名火焰燒熱的內心冷卻下來。當我們離開飯店，踏出兩、三步時，同時發出了讚嘆聲——在夜晚的燈光下，金色的艾菲爾鐵塔高高矗立在我們眼前。

前天本來要去參觀艾菲爾鐵塔，但因為雨下得太大，只好折返。那時，我覺得我跟艾菲爾鐵塔應該沒有緣分，但沒想到竟能在偶然之間看到這樣的景色。白天因為排隊的隊伍太長，不太可能登上艾菲爾鐵塔，而令人意外的是，現在排隊的人卻非常少，我們還能順便進去參觀鐵塔內部，不需要等很久。登上艾菲爾鐵塔後俯瞰巴黎的夜景，實在是美不勝收。

突如其來的腹痛卻帶來這麼甜美的偶然。沒錯，在嘗試和接觸之前，人都無法預測事情的發展，沒有任何人知道每天會面臨怎麼樣的曲折、幸福以及美麗。人生就是轉禍為福，說不定這正是樂趣所在。

08

為了更快累積財富，你得創造分身

要準備離開巴黎了。我用破爛的英文和售票員交談，拿出歐洲鐵路通行證後，成功購買往巴塞隆納的法國高鐵車票。我從來沒想到，自己竟然會在四十五、六歲的年紀購買歐洲鐵路通行證，搭火車橫渡歐洲、穿越國境，感覺非常奇妙。

終於坐下來後，窗外是一片綠色的田野。我覺得很像韓國農村，興致勃勃的欣賞著，但朴老師卻搖搖頭。

「為什麼搖頭？」

「你看看那片田野，跟韓國不太一樣吧？」

我剛剛還認為跟韓國很像，他竟然覺得不一樣嗎？

老師接著說：「你看看那幾片田地，田跟田之間幾乎沒什麼區隔。」

我仔細看之後發現真是如此，韓國農田之間常見的田埂，在這裡卻很難看到。

「這樣的設計能提升農業的生產力，因為立刻就能機械化。只要有一臺耕耘機，就能快速處理整片廣大的田野。但韓國很難使用耕耘機，因為農地都被分割得零零散散。」

他的這番話讓我想到，朴老師一直以來都不斷從低生產力往高生產力的領域移動，例如從領薪水的廚師變身餐廳經營者，然後又進化成股票投資人。

為了累積財富，我們需要「分身」，能在自己休息時代替自己努力工作。舉例來說，作詞、作曲家休息時，他們的作品在替他們賺錢；藝人休息時，他們的照片與節目表演在替他們賺錢；資產家休息時，擁有的資產在替他們賺錢；企業家休息時，他們的員工在替他們賺錢，這就是分身論。

相反的，受薪階級在販售自己的勞動時，活動受限、沒有自由，而且不勞動的時候也不會有任何獲利。雖然很遺憾，但這就是現實。

若能擁有自己的事業體，就能享受比受薪階級更多的自由，僱用的員工會在老闆休息時創造獲利，而老闆投入較少勞動力、另外提高生產力，在休息時也能創造獲益，等於又創造了另一個分身。

不過，老師更進一步走上全職投資人的道路，獲得了成功。**他持有的並不僅僅是一間公司，而是透過股票持有好幾間公司，這麼一來，在朴老師休息的時間，那些公司就像他的分身一樣，不斷的創造獲利，他自己就因而獲得了大把的自由和時間。**

在跟我一起旅遊的過程中，朴老師數次收到持股公司發的股利，等於他在旅行的過程中也在賺錢，非常厲害。

老師對我說：「在西方，就算是受薪階級，公司也會讓他們入股，等同自己成為公司的股東。這麼一來，就不會只是領薪水，而是能在公司成長的同時一起享受成果。以這個觀點思考股票，就是健全的投資，在勞資關係上也有助於提升員工的地位。」

老師和我分享了他拿到的現金股利金額，看到我羨慕的眼神後，笑著對我說：「我覺得跟你一起來旅行真是天作之合。我在旅行的時候工作，你則在旅行時寫文章。」

我不好意思的說，我賺的錢沒有像老師那麼多，老師則笑著回答：「難道光吃一口就能吃成胖子嗎？以後多寫幾本書，創造出很多自己的分身就行了。我也希望你能成功，我是真心的。」

望著窗外一整片南法綠色田野，我在心中默默祈願，希望幾年後能拿著一本筆記本，再次搭上火車，穿越這片田野。如果我能盡情做我想做的工作、去我想去的地方，想停留的時候就停留，想離開的時候就離開，就能享受真正的移動自由、居住自由與勞動自由。我希望能過上這樣的生活。

與此同時，法國高鐵奔馳在田野間，在不知不覺間進入了代表熱情與自由的國度——西班牙。

第二章

不要炫富，而是讓自己成為名牌

西班牙、瑞士、義大利

01 追求夢想的第一步——身段先放低

結束六個半小時的車程後，我們在巴塞隆納聖徒車站下車。離開巴黎時，嘩啦嘩啦的大雨讓我感到有點失落，但巴塞隆納的太陽十分和煦，連我的內心都溫暖起來。

背上滿滿的行李非常沉重，長時間坐火車也讓我們筋疲力盡，結果我們還是做了不像背包客會做的事——搭乘昂貴的計程車前往住宿地點。老師在計程車裡欣賞西班牙巴塞隆納的風景時，惋惜的說：「西班牙以前可能曾經相當風光，但現在不論是街道的景色還是人們的穿著，都比不上巴黎。」

我們在飯店卸下行李後，為了填飽肚子而前往巴塞隆納海灘附近的餐廳，那片海灘就像釜山的海雲台，到處都人山人海。

老師以銳利的眼光觀察著餐點，然後吞下一口海鮮燉飯，又吃下一條蝦子，說道：「我看著巴塞隆納的風景會感到惋惜，背後的原因應該會讓你很意外。我看這裡的人穿的、吃的、喝的，可以推測出國民所得大概是一萬美元左右；不過，看看那些擠滿海邊的遊艇，可以推斷這裡的有錢人非常富裕，透過這些跡象可以看出，這裡的貧富差距非常大。」

接著，他說明西班牙的財政狀況跌落谷底，造成其他使用歐元的國家競爭力退步的情況，同時也仔細講解在油價上漲時，西班牙會面臨什麼困難。

「油價上漲時，產業具競爭力的國家也會增加出口至生產原油的中東及其他國家的商品，因此能彌補油價上升的損失。然而，沒有競爭力的國家則會受到全球經濟不景氣的影響，再加上油價的衝擊，變得更加貧窮。」

老師滔滔不絕的說明，聲量大到我都覺得不太對勁，彷彿西班牙經濟停滯跟他的生活緊密的連結在一起。

搭車回飯店的途中，我才意識到，原來老師是回想起了自己的童年。

他說：「你也知道，我小時候幾乎跟孤兒沒兩樣。那個時期，我一度非常怨恨雙親，但我恨他們的原因不是因為他們等同拋棄了我，而是他們不肯讓別人領養我。這點令我非常痛苦。」

我以前聽過這件事，知道老師一出生就被父親拋棄，後來又失去母親的懷抱；他在外婆家住到七歲，然後被丟給其他親戚，但在那個親戚家卻被虐待，十五歲時逃到釜山，開始在社會上打滾，於日式料理餐廳當助手。不過，老師在那趟車程中還說出之前未曾說過的故事。

「我很小的時候，差點被領養到國外。好像是媽媽把我交給外婆後，去申請領養。相關單位的人過來找我，把我帶去非常遠的地方，可是外婆不知道用什麼方法再次找到我。她說就算種茼蒿來賣、撿番薯來吃也會養活我。不過，我偶爾會埋怨她，我寧願被領養，何必要來找我呢？當時我心中產生這種差勁的想法。」

他的眼睛泛紅，我默默牽起他的手。儘管無法用言語撫平他的悲傷，我仍希望多少能藉由我手上的溫暖表達關懷。

「你一定很孤單。」

老師有點尷尬的笑了：「孤單？哈！孤獨是我的朋友！從很小的時候就是了。」

我很喜歡他這種自嘲式的幽默，為了暫時逃避殘酷現實而培養出的幽默感，比任何搞笑藝人都討喜。

接著，老師再次恢復平靜，說道：「你也該像以前的我那樣，把自己磨練得更銳利。雖然這些話不中聽，但現在你的年紀也不小了，沒有多少時間，請把自己鍛鍊得像鑽石一樣堅硬。你能夠聽懂我說的話，也理解我的心情，所以我會講得更直接一點。

「**請你把身段放得比現在更低。不要奢望像別人那樣吃穿、過得豪奢，否則就會在不知不覺中鬆懈**。西班牙無法利用過去的風光找到新的出路，就代表這個國家現在遇到了難關。想達成更大、更強的夢想，卻沒有為了夢想而鍛鍊自己，就不會順利，這點套用在國家和人身上都一樣。」

我們的對話在回到飯店房間後依然沒有中斷。看來老師在某個時間點，理解了我的煩惱、擔心和不安，雖然我一句話都沒說，但他很清楚我的焦慮和急迫，並沒有隨便安慰或鼓勵，反而說得一針見血、直言不諱。

「說不定現在就是最後的機會，雖然我不知道你的夢想是什麼，但**人能投注熱情的時間是有限的。經驗和智慧或許會隨著年紀增長而累積，熱情則會消逝**，而充滿熱情的為一件事情燃燒身心，是獲得成功最重要的材料。」

我心中充滿恐懼和後悔，同時也有一股想燃燒熱情的渴望。那時，老師似乎看穿了我的心情，向我問道：「姜局長，你知道當狂風巨浪湧來時，船長要是因為害怕而把船開往旁邊會怎麼樣嗎？」

「……。」

「船會直接翻覆，最好的方法是正面穿越海浪。只要抱著這種心態，什麼事都能做到。你看看我，雖然不知道其他人怎麼看待我的成就，但如果了解我小時候的環境和處境，一定會說我的成功是個奇蹟。以常理推斷，我要不是死了、就是生活在社會底層，所以你一定要嘗試，不要讓信心輕易動搖。請帶著懇切的心，乘風破浪。」

語畢，老師躺到床上，為即將到來的股票戰鬥做準備。不過，我睡不著，胸口一陣炙熱，於是我走出飯店，想讓腦袋稍微冷卻下來。西班牙夜晚的空氣清新，讓我的心情好了起來，沒想到這個象徵著熱情的國度，竟也重新點燃了我的熱情。

即使到了很久以後，我仍會記得巴塞隆納是重新開始的地方。

我好像能再次站起來、重新出發，就像西班牙不斷升起炙熱太陽一樣。

02

好分身和壞分身

「你多吃一點，今天這一餐我請客，你吃到撐破肚皮也沒關係。」

老師這麼說，讓我啞口無言，因為我們要吃的這一餐，是飯店提供的自助吧早餐，而飯店早餐是免費的。

預約住宿時，有兩個必要條件，一個是要包含早餐，另一個是要有Wi-Fi。有Wi-Fi，老師才能用iPad看股市；Wi-Fi是他的必要條件，早餐則是我的必要條件。萬一沒有早餐，我會擔心附近沒飯可吃，那就得餓肚子了，所以總是會事先確認。

可是老師竟然在這種時候開玩笑，說這頓他請客！老師看我在嘀咕，就笑道：「我很吝嗇，對吧？」

自從踏上這段旅程以來，這種情況已經不止一、兩次了，我保持沉默，老師則接著說：「你應該常聽到『賺錢容易守財難』這句話吧？這句話是對的。以後你要是賺大錢了，就會遇到各式各樣的糾纏，這個世界非常可怕。」

他好像要傳授什麼理財觀念給我，所以我突然來了興致，繼續認真聽著。

「我炒股賺大錢的事情，透過報紙、電視和自己寫的書傳開來之後，我漸漸感覺到周圍許多人都對我抱持著期待，好像只要認識我、跟我套交情，就會爽快的掏錢出來借他創業、提供旅遊經費，或是隨意借錢幫人應急。而且在他們眼裡，這件事非常理所當然，甚至有人在無法從我這裡得到想到的東西時，還會發飆。不過，我不會毫無理由的借別人錢。」

「你討厭花錢，當然會這樣想。」

「不只是因為我討厭花錢。」

「不然呢？」

「我不願意毫無理由的借錢，是因為這麼做會搞砸一個人。」

他說，由別人免費提供的錢會搞砸一個人，那些錢會像病毒一樣滲入靈魂中，讓人認為不努力就得到收穫是理所當然的。

「**如果隨便給別人錢，等於奪走那個人的能力。**雖然對於真的需要幫助的人來說，那筆錢能救命，但如果只是因為親近、因為是親戚就一直給錢，這樣絕對會出問題。人就是這樣，坐著就會想躺，躺了就會想睡；看到好車會想買，看到美食也會想吃，比起工作，任誰都更喜歡玩樂，但這就是放縱。即使我身上的財產足夠讓某個人一輩子不愁吃穿，也不該那麼做，因為那等於永遠奪走對方自己判斷、解決問題和賺錢的能力。」

由儉入奢易，由奢入儉難，嚐過金錢的滋味後，許多人就不願意再回去吃苦耐勞。而且，許多體驗過奢華生活的人，就算經濟情況已經不如以往，還是會想借錢「幹大事」，只想著用投機的方式賺大錢，卻不願意努力揮灑血汗。

「輕易到手的錢會讓人養成壞習慣，而這種壞習慣會堆積成債務。」

「如果你已經習慣花錢大手筆，那就算欠債也不會減少花費，反而會覺得理所當然，合理化自己的行為，心想：『這點程度的享受，算是基本吧？』最後反而害自己在不知不覺間負債累累。」

用經濟學用語來說，這就是棘輪效應（ratchet effect，人的消費習慣形成之後有不可逆性，容易往上調整，卻難以下修）。

老師說，假如某個上班族的月薪是五百萬韓元，但他因為某些原因辭職了，那在重新找到工作之前，就要將每個月的花費降到最低。可是，消費習慣無法輕易改變，尤其子女的教育費用等更是難以降低，心裡會覺得「不能比別人差」，認為這種錢不能省。

我聽著老師說的話，想到債務其實也是一種分身，只是它是壞的分身。**好的分身能在我休息或玩樂時替我工作創造財富，壞的分身則在我休息或玩樂的過程中，吞噬我的財產，企圖讓我背負一輩子也無法償還的債。**

所謂的負債，一開始會讓人感到辛苦、有壓力，後來如果金額增加，甚至會讓人自暴自棄、放棄夢想。欠債不僅會使人疲乏，還會一直延續到未來，這應該就是老師想告訴我的事情。

「原來現在我需要降低花費。」

我的腦中出現很多想法，使我陷入沉思之中，這時，老師用低沉的聲音說道：「現在對你來說是很艱難的時期，用國家來比喻的話，就是緊急狀態。**我們不能為了維護自尊心，就想堅守以前的生活，要趴得夠低，才能一邊克服危機，一邊探索未來**，你懂嗎？」

我點點頭，他則換上戲弄的表情，說道：「那現在，就盡情享用我請的大餐吧！多吃點。」

我早就知道了，現在已經看得一清二楚。

03

不合自己身分的名牌，不值得炫耀

自從進入瑞士茵特拉肯（按：少女峰山腳下的旅遊觀光城市）之後，我的心情就莫名的好。茵特拉肯是要爬少女峰的觀光客的聚集之地，就像前哨基地一樣，這座小鎮面積小到用走的就能看遍，市容乾淨整潔，風景和房屋融為一體。

連平常不願意走路的老師都向我提議：「我們走一走吧！」這個平常沒事只想留在飯店的人，現在腿卻好像很有力氣，走的步伐越來越大！我本來想要調侃他一下，但茵特拉肯的美景和清新空氣讓我說不出話來，只擔心嗆他一下，他就賭氣說要提早離開。所以，我不說二話，跟著老師一起走。

這座小鎮似乎只以觀光為業，從世界各地湧來的觀光客都在美景的吸引之下，心甘情願的掏出錢包。

「這座城市本身就是名牌。」老師說。

沒錯，這城市就像瑞士精品手錶一樣，小巧卻有驚人的價值。剛好在茵特拉肯西側，有許多連名字都沒聽過的精品錶店，老師在散步的過程中，突然說要進去其中一間店看看。

進去之後，他指著一支手錶問道：「你覺得要花多少錢才能擁有這支錶？」

錶上並沒有貼價格，而且我平常也沒有逛高級錶店的習慣，所以

▲ 觀光小鎮茵特拉肯的風景。

有些不知所措。我猶豫了一下，回覆道：「這個嘛！我對於這種手錶了解不多，起碼要幾百萬韓元吧？」

老師聽完之後笑了，並請駐店的韓國店員過來，詢問價格和產品名稱。

「您好，這個產品的價格以韓元計算，要上億。」

「哦~原來是這種手錶！」以前我看過Dispatch（按：韓國專門報導演藝圈的媒體）報導說歌手G-Dragon和梁鉉錫（按：韓國娛樂公司YG娛樂創辦人）都戴價值上億的手錶，但我還是第一次親眼看到。

老師又再跟店員聊了一下，我們才一起離開。

稍微走幾步後，他又問我：「現在你知道要花多少錢，才能擁有那種錶了吧？」

「超過一億韓元，太誇張了。」

「不，一億韓元也不夠。」

這是什麼意思？還要另外加上稅金或什麼費用嗎？我臉上堆滿問號，老師接著說：「戴那種錶的人，他的服裝、財產、身上其他的配件、住的房子、乘坐的車，都要配得上那支錶，才能呈現它該有的價值。否則，戴那種錶反而會被嘲笑，不是很諷刺嗎？要不要大概算一下，能搭配那種錶的衣服要多少錢？還有，戴那種錶、穿好衣服的人難道會坐捷運嗎？還需要相襯的好車才行，此外，房子也要夠大、夠好，不是嗎？最後還需要有財力和能力來維持那些條件。你有發現這樣大概要花多少錢嗎？」

我帶著一點挖苦的語氣反問：「那沒有那種能力的人，不就一輩子都不能戴上一支好錶？」

老師看了我一下，回覆道：「看來你還差得遠呢！當然，所有人都有戴好錶的權利，沒有任何人能夠阻止。我並不是說你不能那麼做，我只是想讓你知道，就算買了一支那麼昂貴的手錶，也不會改變任何事情。說直接一點，為什麼人們會為名牌瘋狂？難道真的是因為那種錶很漂亮、品質很好嗎？主要還是為了炫耀給別人看吧？

「我想說的是，**不合自己身分的名牌並不值得炫耀**，而且只有自己會覺得好看。為什麼？你想想，剛看完功夫片的大叔，走出電影院時會覺得自己跟主角一樣威風，這也是類似的心態。不懂名牌的人，即使看到有人戴剛剛那款手錶，也會覺得『大概就是幾十萬韓元吧』，而懂名牌的人看到你的服裝跟手錶不搭，就會發現你買了超出自己預算的東西，說不定還會覺得那是假貨。

「為了戴這種沒有特別美觀的昂貴名錶或名牌包，需要花多少血汗錢？如果用那筆錢買好的股票、做好的投資，可能會意外抓住不錯的獲利時機；但一直花錢買名牌，卻可能拖垮一個家庭、搞砸自己的人生，欲望就是這麼可怕。所以，等到之後手頭真的非常寬裕時再買名牌也不遲。」

＊ ＊ ＊

法國文學家古斯塔夫．福樓拜（Gustave Flaubert）的小說《包法利夫人》（*Madame Bovary*）中就是這樣，包法利夫人想爬進上流社會的欲望，終究把她拖向滅亡。在資本主義社會裡，消費的欲望只會暫時沉睡，很快就會抬起頭來，像流沙一般吸走你的金錢，如果陷入其中，勢必會搞砸自己的生活，斬斷自己的回頭路。

懂事之後我才了解到，**不會因為戴了一支名錶，就改變別人對你的看法**，同時也體會到，對別人很刻薄冷淡、為自己治裝卻毫不手軟的人，並沒有那麼了不起。

老師接著說：「真正的重點是，人可以自己成為名牌。那些只要說出名字，大家都認識的人，他們的名字就是名片，那樣的人不管全身穿名品還是廉價的衣服都沒差。只要自己是名牌，用的、穿的、吃的自然會成為名牌。雖然有財力購買精品也很重要，但很多人不具備相當的禮儀、人品、智慧和教養，那些人就算穿戴名牌，也只是被嘲笑的對象。

「經濟能力很重要，賺錢扶養家庭是一家之主的宿命，但並不是追著錢跑就會獲得經濟能力。我從小就開始做生意，很清楚那些只是追著錢跑的生意人都怎麼跟財富擦身而過。做生意時，**只要能感動客人，錢自然而然會跟過來**；如果無法感動客人，只是一味追求金錢，就會把客人看成錢，想盡辦法要客人掏出錢包，卻不明白只有被感動的人才會成為回頭客。

「世上所有的事情都是這樣，我賣的商品、料理、物品、書，要能打動消費者，這種時候，錢就會跟過來。我看住在這座「名牌小鎮」茵特拉肯的居民時，覺得這些人真的很了不起，他們擁有能搭配這名牌小鎮的資格。要做到這點需要很龐大的努力，每天都要磨練、塑造自己，而這就是管理名牌的心態。」

在回程的路上，我沒有說任何話。其實，我說不出話，只能任由想法在腦海中亂竄。

實際上，我一點都不羨慕名錶店裡滿滿的名錶，但我羨慕有資格配戴那些錶的名牌人士。

今天去的名錶店，坐落於茵特拉肯的正中心，而這點似乎就證明了這間名錶店的地位，因為茵特拉肯是名牌小鎮，所以裡面的店家都是名牌店。

我想要變得像茵特拉肯一樣。

04 送走這個夏天，仍會迎來下一個

在茵特拉肯停留一晚後，隔天前往少女峰。少女峰是海拔四千一百五十八公尺的高山，比白頭山（按：韓國人對長白山的稱呼）還高一千一百多公尺。以我差勁的體力，光用想的就覺得累，還好，自一九一二年起，這裡就設立了登山火車，搭車就能順利抵達山頂。

韓國人還在戴笠帽、牛隻和馬匹還在街上亂跑的時候，這裡竟然已經開始設立登山火車，真的很驚人。以前跟朋友來的時候，我完全不知道，而這些觀光資訊現在都寫在買火車票時，連同車票一起拿到的小冊子上。

「老師，我二十年前跟朋友一起來過這裡。如果爬到那個山頂上，就會拿到韓國泡麵作為獎勵哦。」

「你看起來好開心，像小狗看到下雪就很興奮一樣。」

剛好那天天氣晴朗、萬里無雲，登山列車的黃色車身顯得更加鮮豔。我在心中暗暗下定決心：「到了上面之後，我就要像以前一樣，把塑膠袋當成雪橇來滑雪。」

二十年前，我曾跟朋友一起坐在一個大塑膠袋上，在少女峰山頂附近滑雪。有個白人女孩（年紀跟我差不多，可能是高中生或大學生）看到後，也模仿我們，結果滑下去的速度太快，害她嚇昏了，我的朋友趕快給她一顆牛黃清心丸（按：韓國家庭的常備急用藥，能益氣養血、鎮驚安神）。

這位朋友在韓國國際展覽中心工作了十年，最近偶爾會跟他提到當時的事，越是這樣聊，越讓我想再次上去看看。說來有點荒唐，可是我有種如果抵達山頂，就能回到當初那段歲月的錯覺。

不過，我期盼又興奮的心情，在少女峰瞭望臺休息室被徹底擊潰。打從下車的那一刻起，我就感到頭昏腦脹，就像被人掐住脖子一樣。過沒多久，就開始覺得暈眩、想吐，老師看我臉色慘白，趕緊扶住我：「你的臉色太蒼白了，少女峰雖然能讓你回味過去，但繼續待在這裡會沒命的，我們趕快下山。」

雖然很遺憾，但也別無他法，我們只好趕快搭下山的火車離開。

在二十年前，我完全沒有遇到這樣的情況。當時，我們從法國尼斯（按：法國東南部地中海沿岸城市）搭夜車到茵特拉肯，然後立刻登上少女峰，一點問題也沒有。是因為現在年紀大了嗎？也是啦！最近跟以前一起旅行的朋友見面，一杯啤酒下肚後，就會滔滔不絕的傾吐對未來的不安。

▲ 從火車內部所見的少女峰。

無論是在大公司工作很久的人，還是輾轉到中小企業的，大家都異口同聲的討論：「我還要在這間公司待到什麼時候？」、「如果我現在辭職，還可以做什麼？」

大家都變虛弱了，被社會折磨得筋疲力盡，心裡也很不安；所有人都明白這是一段時期的結束，也感受到一段新的時期即將到來，而且未來將讓人難以承受。

隨著登山火車逐漸往低海拔前進，頭痛、噁心的感覺像霧氣一樣慢慢消散，同時，某個沒來由的有趣想法突然閃過腦中：「我應該要把四十歲活得像二十歲一樣。」

我彷彿聽到阿爾卑斯山的少女（可能應該說是少女峰的少女，哈哈）笑著對我說：「未來？青春？我不懂那些東西。如果你那麼遺憾，就把四十歲活得像二十歲一樣吧！反正其實都差不多，我二十年前是年輕的少女，現在也是年輕的少女，哈哈！」

我想了一想，確實是如此。二十歲的時候，我們常常啜著啤酒、談論未來，雖然期待卻充滿不安，有時逼自己逞強，可是，難道最後真的有餓死嗎？但我們到了四十歲後，也沒有差很多。難道被公司開除後，全家人就餓死了嗎？那種放蕩不羈的豪氣還存於心中，與二十歲時非常類似。

是不是在某個時期即將結束、要進入一段新時期時，就會感受到這種情緒？我何必下意識的將自己鎖在「四十歲了，已經踏入人生的秋天」這個絕望的框架中？

也許在平均壽命六十歲的時代，這種想法很合理，在即將邁入五十歲的時候，應該要有點成就，準備退休並安享晚年，不該貪心。不過，現在的時代不一樣，**即使青春已經結束，開始迎接人生的夏天，但就算送走了這個夏天，我們仍會迎接下一個夏天的到來。**

現在，很多六十歲的人身心都還很年輕。我在坡州出版都市（按：韓國國家文化產業園區，也是文化觀光部所屬機關，結合了圖書館、咖啡廳、二手書店等功用）工作的時候，曾經看過一群穿著自行車衣的六十歲人士，身材令我相當震驚，光看背影像是二十幾歲，男女都是如此。

我們不該被關在想法的框架中，一旦心態錯了，搞不好從五十歲到九十歲都要在嘆息和後悔之中度過，明明我們就可以用不同的方式生活。

現在快九十歲的日本奶奶若宮正子，在六十歲退休後開始接觸電腦，八十一歲開發出iPhone應用程式。她退休後得照顧高齡的母親，所以是在難以外出的情況下學習電腦的，她在電腦上做出Excel藝術，用3D列印製作出項鍊。雖然看不懂英文教學，得靠Google翻譯才能勉強理解，但在八十一歲，她仍設計出「雛壇」這款老人手機遊戲，上架到App Store，成為最高齡的應用程式開發者。

CNN大量報導她的消息，她甚至受邀參加蘋果公司（Apple）的開發者大會，在韓國、印度、中東、中國等地瞬間躍升為世界知名人物。

沒錯，下定怎麼樣的決心，就會怎麼樣生活，這並不是迷信。以前我曾讀過《年齡逆時鐘》（*Counter Clockwise*）一書，談論一九七九年在俄亥俄州偏鄉曾做過的某種心理實驗，名稱為「倒轉時間的實驗」。

實驗環境被設計成一九五九年的模樣，讓八位老人覺得他們回到年輕的時候。每天晚上，電視都會播放一九五九年的新聞、節目、電影等。洗碗等雜物也全都由老人們自行處理，而不用洗碗機。在習慣環境後，他們完全投入於角色當中，看到一九五九年的棒球雜誌時，也會當成那就是「今年」。

接著，驚人的事情發生了。在短短一週的時間內，他們的視力、聽力、握力等各方面數據都年輕了二十歲。因為心態改變，身體年紀也變年輕了。

韓國在二〇一二年也做過類似的實驗，結果也相當類似。

這樣的現象，也可能會發生在我身上。Just do it，反正做了也沒有損失，不做才奇怪。

我從登山火車下來後，告訴自己，不要再惋惜、懷念已經流逝的青春，把現在活得像年輕的時候一樣，才是最重要的。不要把「我年輕的時候……」當成口頭禪，確實的把四十歲活得像二十歲吧！我下定決心，要讓我的生命中出現「夏天過去後，再次迎接夏天」的奇蹟！

想做到這點，首先你的內心不能變得軟弱。就像百歲詩人柴田豐所叮嚀的：不要氣餒，無論到哪個年紀，每個人都能平等的做夢。

05

不管幾歲，人都可以有夢想

「你一直在寫什麼？」

從瑞士前往義大利米蘭的火車上，我用大拇指在手機上忙碌的打著字，老師看了覺得很神奇。

「沒什麼啦！只是想記錄腦中閃過的一些想法。」

老師聽罷，笑著回答：「你天生就是位作家耶！」

一直以來，老師不是稱呼我為作家，就是叫我姜局長。剛認識他的時候，我還是出版社主編，老師向別人介紹我的時候，都說我是作家。我之前認為，大概是主編這個工作很難說明，但後來發現不僅是如此。

「盡情發揮吧！之前不是有一個英國女性寫關於魔術師還是魔法師的故

事……對，就是寫《哈利波特》的女作家。我在電視上看過她的故事，很感人耶！她不僅賺大錢，還變得很有名，看來她寫書的時候也非常懇切，你也以懇切的心寫看看吧！」

老師似乎看透了我從未說出口的某個念頭。

我離職後帶了很多箱子回家，其中一箱放了十四年來寫過的數本日記。因為家中狹小，沒什麼地方可以放，我打算每本都看看，只留下真正需要的東西，其他就丟掉，於是開始一本一本翻閱。

但這幾本日記著實讓我嚇一大跳，因為每年的日記上，幾乎都寫著同樣一句話：「每天都要寫二十頁的文章。」

我的臉開始發燙，一陣鼻酸，因為我想要忘記、努力想抹去的文字，再次呼喚著我。問題不是寫得好或寫不好，也不是有名或默默無名，而是寫作這件事，曾經是我的「定位」之一。

＊　＊　＊

通常，跟初次見面的人聊天時，都會被問到是做什麼的。被問到這個問題，明明只要簡單介紹一下自己的公司，說是在某間出版社或公司工作就行了，但我偏偏喜歡岔題，在最後附加一句：「我有空的時候會寫點文章。」對方聽到這種回答，只好出於禮貌的問：「你寫過什麼書？」但這樣氣氛就會變得很尷尬，因為那很有可能是對方沒聽過的書。

如果對方為了打破尷尬的氣氛而問「賣得好嗎？」，那就無法挽回了，這場對話只會尷尬的結束。發生過這樣的事之後，下次就應該懂得避免，但我做不到，下次、下下次，我還是會在後面附加這句沒必要的話。儘管每次結束對話後總是感到後悔，但也沒辦法，因為我就是這樣的人。

曾有一陣子，我想過要放棄寫作，這種心情跟世上許多不出名的歌手一樣，不管曲風明亮還是灰暗，他們的歌曲都讓人感到悲傷，因為其中都埋藏著他們各自的痛苦、遺憾和憤怒。在優美的旋律中，藏有他們無法獲得矚目的遺憾；雖然想追求夢想卻做不到的複雜情緒，編織在旋律之中，那份痛，終究會讓他們放棄音樂。

在沉重的生活壓力之下，他們無法在上班或打工賺取溫飽的同時，保有「我是唱歌的人」、「我是畫畫的人」、「我是寫作的人」這種定位。想要保有那些定位，就要隨時受到自卑、屈辱、羨慕和嫉妒等情緒折磨。所以，不放棄自己的歌曲、畫作或文章，就像徒手拿著燒紅的鐵塊，拿著的時候覺得很燙、很痛苦，甚至可能害自己受傷。

相反的，放下這些的東西一點都不難，只要拋下就行了。心中總是有個聲音，如同海妖一般不停誘惑：

「太晚了，你這個年紀到底還想做什麼？你想靠夢想維生嗎？」
「你要做夢到什麼時候？做到這樣就已經證明了你沒有天分，放棄吧！」
「不如把這個時間拿去玩樂！難道你能活千年、萬年嗎？」

因此，很多的人將自己的歌曲、畫作、故事和夢想，替換成看職棒、吃美食、出國旅遊等興趣，用生活中微小的享受來彌補無法達成的夢想。很神奇的是，從那時起，生活不再痛苦，反而變得舒服又令人滿意。

問題是，某天自己的歌曲、畫作或故事再次甦醒。之前我覺得出版比寫書更給我成就感，而將寫作這件事暫時擱置，但某天，我的文字再次呼喚我，讓四十六歲的我慌亂不已。原本以為我的夢想和定位已經被拋棄、埋藏了，而當它們再次甦醒時，我感受到深深的遺憾，同時伴隨著一股平靜的安心感。

日本知名漫畫家水野敬也的作品《但我還是有夢想》，就清楚描繪了這樣的心情。這本小書只要花五到十分鐘就能讀完，書中以擬人化的方式呈現夢想。主角年輕時，夢想總是陪在他旁邊，後來主角禁不起社會的折磨而趕走了夢想，因為在一起的時候太過痛苦、太過煎熬。

過了很長一段時間後，當主角已經衰老，即將離開人世時，夢想回來找他，這時主角已經變成全身滿布皺紋的老人。書中的夢想在主人變老後才來找他，如果我的夢想也在我臉上滿是皺紋、難以活動時才來找我，我該怎麼辦？我寧願它現在就來到我身邊。

我曾經悲痛的想：「我的故事是不是會就此消失？」還好我的文字再次

找到了我，幸好現在還不算太遲，一股安心感隨之而來。這個夢想並沒有要求太多，沒有讓我因金錢或名氣而焦急，只催促道：「寫吧！這就是你的定位。如果腦海中浮現出想說的話，就一五一十的表達出來，每天一點點就好。」

巴西小說家保羅．科爾賀（Paulo Coelho）的小說《牧羊少年奇幻之旅》（*O Alquimista*）中，有一段內容說道：「為了成功做到這件事，我不能害怕失敗。以前我就是不安的想著『可能會失敗』，才會放棄追求『偉大的事業』。十年前就該開始的事情，我現在才開始做，不過我還是很高興，至少我沒有等上二十年。」

沒錯，我現在才開始做十幾年前就該做的事，但還好我不是二十年後才開始做，光是這點就讓我感到幸福。現在，寫作已經成為我的好朋友，不需要為了寫得好而絞盡腦汁，反而像是跟認識多年的好友來往一樣。

我出神望著車窗好一陣子，回過頭來，發現老師做出用大拇指敲著手機螢幕的手勢，笑著問我：「你不繼續寫嗎？」

「當然要寫啊！以後還要繼續寫，一直寫！」我回覆道。

06

選股票的基準，和選工作一樣

上午，我們抵達羅馬最重要的觀光景點——羅馬競技場。這了不起的競技場，於西元七十九年建造而成，我們繞著內部走了一圈，沿途不斷讚嘆。

在稍作休息後，老師說：「這裡都是遺跡。連我們坐下來休息的石頭，應該也是兩千年前的產物。」

聽完老師的話之後，我仔細觀察屁股下的石頭，發現的確也是遺跡的一部分。走在羅馬，連腳尖不小心踢到的東西都可能是遺跡，不是誇飾。

老師點起一根菸，吐出一口煙後說：「真希望可以不用回家，住在這裡一、兩年，只要你也願意的話。」

「……。」

老師看我突然間答不上來，表情變得僵硬，便問：「你在想什麼？」

「我也想在這裡待個一、兩年，寫寫文章、參觀羅馬，感受歐洲的情調。老師哪需要擔心？就算出來旅行，也持續透過炒股賺錢。但是我旅行結束後，回家就要面對更大的問題。」

老師一時沉默，後來問道：「那你想要學股票嗎？」

「老師要教我嗎？」我很開心的回問。

「我今天只會教你一件事，

▲ 於西元 79 年建造而成的羅馬競技場。

請姜局長完全理解後好好吸收。與其學其他跟股票有關的複雜學問，正確理解才最重要，其他部分你可以自然而然的體會。」

「那是什麼呢？」

老師說，現在就要立刻回飯店，今天的觀光行程到此結束。我的心臟怦怦跳著，心想跟華倫・巴菲特（Warren Buffett）吃一頓晚餐也要付一大筆錢，而且還得抽籤、排隊，而老師簡直就是**韓國的巴菲特**，竟然可以親耳聽到他的股票教學，令我不敢置信，震驚到午餐時吃飯吃到臉上也沒發現。

吃完飯後，我和老師在飯店房間面對面坐著。

他說：「如果我借你五百萬韓元，你能運用那筆錢，在一年內賺到兩千萬韓元嗎？」

「最近景氣不好，沒有那種容易賺錢的公司，我有點擔心。如果有那麼好賺的公司，大家早就買進了。」

「有啊！大家都知道，只有你沒有跟到。」

「哪裡有那種東西？」

老師繼續說明：「你聽我說，假如一間公司的資本額是五十億韓元，一年的營業利潤是兩百億韓元，這間公司算是有效益的公司嗎？」

「這個嘛……應該是有龐大效益的公司吧？」

「對吧？剛剛我說一年內用五百萬韓元賺到兩千萬韓元，你說大家應該都會跟著買進。在股票市場挑選值得投資的公司，就是這樣的道理。分成股票來思考就行了，這間公司的股票面額是五百韓元，現在的股價是兩萬韓元，總共發行股票數是一千萬張，那總市值是多少？」

「這、這個……。」

「我十年前就跟你說過，要多練習計算，對吧？已經過十年了，你還是一樣！」

原來已經過十年了啊！我記得很清楚，十年前在出版業的時候，我趁空檔問老師：「怎麼樣可以很會炒股？」

「跟你買的股票公司結婚就行了。」

「請不要說那種天馬行空的話，告訴我實際的方法！」

「首先，要很會算數，尤其要會計算很大的單位。只要你會了，我再教你別的。」

* * *

雖然我們曾經聊過這件事，但之後的我一點也沒有進步，無論是對經濟還是股票，我的功力還是跟十年前一模一樣。

這樣的想法讓我突然有點難過，但老師並沒有理會我，繼續說道：「總共是兩千億韓元（按：總市值為公司發行股數乘以股價）。那麼，如果想要知道現在的**股價是否合理，就要看公司持有的資產是否相當於總市值**。包含房地產在內的資產、存貨和設備等，加起來差不多有兩千億韓元就行了。這麼一來，兩萬韓元的股價就有清算價值，不管公司生意再怎麼差，光是賣掉現有的價值，每股都值兩萬韓元。」

我吃力的試圖跟上，專注的聽著。

「不過，假設那支股票如我剛剛說的，投入五十三億韓元的資本額後，每年創造出兩百億韓元的盈餘，這樣有沒有投資價值？如果要買賣股票，就要問這個問題。你如果是這間公司的老闆，會賣掉這間公司嗎？」

「當然不賣啊！就算以後每年只賺兩百億韓元，也等同一隻金雞母，值得一直抱著。」

「對吧？我們再像這樣以老闆的心態思考股價，每年股價會增加多少？兩百億韓元除以一千萬股，就是兩千韓元。假設股價每年增加兩千韓元，那五年後就是增加一萬韓元，很了不起吧？」

光是以我緩慢的計算速度來思考也覺得很驚人。一張股票兩萬韓元的公司，每年營業利潤超過兩百億韓元，五年就上漲一萬韓元。

我想到一半，老師說：「而且，這間公司開股東大會時決定，今年會分發三百韓元的股利，也就是股價的一．七%。如果擁有十萬張，就能領三千萬韓元的股利。」

老師在旅行過程中，也實際領到許多公司的股利，等於在旅行途中也不斷獲利。

「假設這間公司十年來，每年都持續創造兩百億韓元（按：以下皆指韓元）的利潤，股價就會是四萬元，那麼，你持有的股票價值會從二十億漲到四十億；每年領三千萬股利，十年就等於領到三億元股利。只要擁有十萬股就這麼驚人，你的二十億就能變成四十三億。」

「天啊……。」我不禁張大嘴巴。

只要讀過一點理財書就能明白，成長中的公司每年的營業額都會增加，而且不會每年都固定只成長兩百億。

如果今年增加兩百億，那明年就會增加三成，約兩百三十億，三年後是兩百三十億的三成，也就是兩百六十九億；四年後的三成是三百四十九億；五年後是四百五十三億；六年後是五百八十八億；七年後是七百六十四億；八年後是九百九十三億；九年後是一千兩百九十一億；十年後是一千六百七十八億。

這麼一來，十年間賺到六千八百一十五億，如果連目前的清算價值都加起來，就是八千八百一十五億，如果除以一千萬張股票，股價就是六萬八千兩百三十韓元。這是以最低的成長幅度來計算的股價。

不過，公司不會只是這樣成長，也可能某一年出現跳躍性的增幅，這麼一來，股價就可能從十二萬增加到十五萬，獲益率相當驚人。

「目前獲益穩定的愛茉莉太平洋（按：韓國化妝品公司）、福庫（按：以電子鍋為名的小型家電公司）和三星電子都是這樣的公司，但另一方面，要持續成長超過十年也很困難，所以要在適當的時機點賣出。簡單來說，投資人就是要尋找這樣的公司，然後獲利出場。」

老師安靜的等我算完，繼續說道：「你應該也很清楚，幾乎沒有一間公司每年都會以同樣的金額成長。事業經營得這麼好的公司，只要有一季創造出良好的績效，就會提早反映在股價上，漲個五萬、十萬韓元。怎麼樣？你應該不敢貿然入場吧？」

「嗯……而且我沒有錢。」

老師同情的看著我：「沒有頭腦就要借別人的頭腦，沒有錢就要借別人的錢。炒股的人都清楚槓桿很危險，但這種公司不一樣。假設你借二十億韓元，買這間公司十萬張股票，借款年利率是三%，這麼一來，每年要付六千萬韓元，五年總計三億韓元的利息。但是如果五年後這間公司的股票起碼有四萬韓元，那麼清算時，不僅能歸還二十億韓元的本金和三億韓元的利息，還賺到二十億韓元，這種槓桿絕對不會有損失。也就是說，不花一毛錢，光憑槓桿就能賺到二十億韓元。沒有錢只是藉口。」

我又問老師：「但萬一後來股價暴跌，我該怎麼辦？這樣我會變成乞丐的。此外，要怎麼償還每年六千萬韓元的利息？對一般的上班族來說，這筆錢比年薪還高。」

老師睜大雙眼，說：「這種想法就跟農夫種了果樹後，根本不照顧，就期待能摘到水果一樣貪心。種了水果後，要仔細觀察有沒有好好成長、拔掉旁邊的雜草，當成寶貝一樣呵護。股票也一樣，要持續關心公司，仔細檢視有沒有好好賺錢，或是被競爭對手追上。

「所以，如果你發現一棵可以成長茁壯的樹，卻因為各種原因而凋零，就要趕快拔除，改種其他樹；就像這樣，投資人也要懂得認賠出售。世上哪有事情是絕對的？而且誰叫你買十萬張？你只要配合你的經濟狀況購買就行了！我剛剛講的，主要都是投資的大道理。」

好久沒有這樣動腦了，在跟老師一起動腦算數後，額頭上流下成串的汗珠。雖然十年前我也曾像這樣和老師學習，但這次我覺得他說的投資值得我去試試看。**選一個好公司投資，跟選一個好職業並付出勞力沒有兩樣**。在進入一間公司前，會考慮公司有沒有未來發展性、薪水高不高等，只要用這樣的心態認真挑選值得投資的公司，那間公司也會報答我。

假設有一間店的資本額為五百萬韓元，每年淨賺兩千萬韓元，加上事前投資的設備、庫存與持有的建築物，表示充分有能力償還借貸的兩千萬韓元；如果前景極佳，那當然會想投資這間店。在現在這個銀行利率低於通膨的時代，更是如此。

老師彷彿看穿我的心思，說道：「如果我無法相信我投資的公司，我就會怕到不敢跟你來歐洲旅行，就算來了，也會每天晚上戰戰兢兢，像我這種大戶更是如此。你要記住今天我跟你講的內容，只要充分理解這點，就等於理解了股票的本質。不要被媒體和專家那些天花亂墜的用語和說詞搞迷糊。請以農夫耕田的樸實態度看待股票，這樣就能理解股市並成功獲利。不過，如果失去這樣的心態、因貪婪而動搖，儘管只有一瞬間，股票就可能害投資人走向滅亡，但最終的選擇權仍在自己手上。

「雖然實際操作時，情況會和我告訴你的不同，但我很清楚你現在的處境。就我看來，你只要稍微被提點，應該就能克服目前慘澹的狀況。希望我說的話不會害到你，以你現在的心態，充分能克服股市這道難關，但我擔心只要有一點點的貪念，就會害你失去一切。」

關於老師所說的這點，我也感到害怕——我是否能持續保有農夫的心態？但轉念一想，生活本來就是這樣。無論是股票還是人生，過多的貪心都會害到自己；只顧自己的利益或是只圖安逸，最終都會使自己淹沒於貪婪的大海中。

07
就算同個地點，每次來都有不同感受

旅行帶來的新鮮感，會讓旅人的心跳加速，我想，能讓非常平凡的事物變得十分迷人的魔法，大概就是旅行和音樂了。都市的路燈、落在地上的雨點和中年男子的剪影，這些都是再平凡不過的風景，有時看起來很失意，但若配上爵士旋律，就成了電影中的一幕。音樂就有這種魔力，旅行也是，對某人而言再常見不過的生活景象，卻讓旅人的心澎湃又悸動。

二十歲的旅行，便充滿了心動與悸動。一九九五年退伍後，我努力打工存錢去歐洲當背包客，那時剛好有部電影激發我想去歐洲旅遊的動機，就是《愛在黎明破曉時》（*Before Sunrise*）。

這部電影的主要魅力，大概就在於男、女主角魔法般的相遇，這些不怎麼偉大、不特別神奇的故事，感動了人們的心。當時的我只有搭飛機去過濟州島，所以電影中的歐洲在我心中留下了自由又浪漫的印象，不，歐洲本身就是青春的代名詞。

不過，我跟兩位高中同學一起進行為期一個月的歐洲旅行時，並沒有發生像電影那樣精彩的相遇。我們搭上火車時，默默期待發生豔遇，最後卻聞著兩個美國女生的腳臭，努力忽略她們的打呼聲；朋友用手指指著比薩斜塔時，剛好被鴿子精準的當成目標，鳥屎直接落在他手上，害我們笑了十多分鐘；夾起義大利麵條時，偶然間夾死一隻蚊子，我們只好用很破爛的英文要求餐廳退還義大利麵的錢（現在想想覺得蠻不好意思）。

此外，朋友在登上少女峰之後拿到塑膠袋，坐在袋子上滑雪，我們在全世界的觀光客面前展示「韓式雪橇」的趣味；到了法蘭克福，跟臺灣和日本的年輕人整夜不睡，互相介紹彼此的文化；原本很期待看到德國的羅蕾萊人魚像，但去了才發現雕像非常小，令人大失所望。

現在想起來仍記憶猶新，彷彿是昨天才發生的事。二十幾年前的旅行回憶，之所以像刻在皮膚上的刺青一樣令人印象深刻，是因為一切都伴隨著讓人心臟怦怦跳的悸動。

之後過了二十幾年，在那段期間《愛在黎明破曉時》推出了續篇《愛在日落巴黎時》（*Before Sunset*）、《愛在午夜希臘時》（*Before Midnight*），而我也隨著這些電影的上映，逐漸變成了大叔。青春的悸動變淡後，續篇突然變成歹戲拖棚的日常。

不論在哪個時代，年輕人對未來都感到不安，我也一樣；在研究所寫碩士論文、取得博士學位後，五年瞬間溜走，後來在出版社持續出版書籍，轉眼之間十四年就過去了。在那段期間，我很怕自己落後他人，不安感鞭笞著我，讓我深陷泥淖、無法脫離。在這樣愚昧的日子裡，我一天都不曾回顧自我，到了離職時才終於放慢速度，回過頭來看看。我現在總算體會長輩們所說的：年紀越大，就覺得時間流逝的速度越快。我實際感受到了，這使我的心充滿恐懼。

再過不久，轉眼間二十年就要過去，我也會邁入六十歲。如果有人在我人生將盡之際問我，這段期間成就了什麼、過了什麼樣的生活，我能說我毫不後悔嗎？

四十六歲的這趟旅行，讓我確認了心中隱隱約約的懷念，讓我清楚的意識到自己已不再年輕，雖然內心還很年輕，但年紀已經大了，隱約反射在展示窗上的臉龐，看起來既陌生又尷尬。

在旅行途中，我不斷回想起過去的回憶。像是我剛到羅馬的時候找不到路，那時沒有Google地圖，只能靠書本和地圖找；登上少女峰的時候，我也心想：「上次來到這裡，三個人都揹著跟自己差不多高的背包，攻頂時已經筋疲力盡，所以搭火車時都在睡覺。當時光是想到可以在山頂上吃韓國泡麵就非常興奮，連做夢也會夢到泡麵。」

其實，這趟四十六歲的旅行，就是在懷念年輕時候的清閒。因此，旅行途中想到自己再也無法回到過去，不時會因胸中滿溢的懷念而顫抖。

每當感傷湧上心頭，我就會偷看朴老師。六十歲的旅行又會有什麼感受呢？在倫敦觀光、在威尼斯搭水上計程車，還有在德國海德堡的時候，我都曾看到老師溼了眼眶。但我不曉得六十歲的旅行究竟帶給他什麼感觸。

二十歲的我猜不到四十歲的我是帶著什麼心態生活，只是茫然的想：「只要過了三十歲，人生就結束了。」所以，現在的我肯定也無法理解六十歲的旅行會如何，看電影或讀書只能提供非常細微的線索。**人生很公平，無論什麼事，都要親身經歷過才會真正了解**，就像含著金湯匙出生的人不會理解何謂貧窮一樣。

不過，我期待當我到那個年紀的時候，能再來歐洲一趟，因為我好奇那時歐洲又會帶給我什麼感觸。

三次，沒錯。希望可以來歐洲三次。

08

一直守著、守著，人生就會守成一團屎

生活總是令人害怕。跟人見面時也會因害怕而無謂的心跳加速；要離職的時候，莫名的恐懼也讓我猶豫不決；在寫文章或準備要做某件事情時，恐懼就像心悸一樣煩擾著我。

「要抓住主導權。如果只是盲目的跟隨，什麼事也做不了。所以不管是在哪方面，人都要有屬於自己的觀點和執著。」

老師這樣說的時候，我立刻就想到李小龍。李小龍在某本書中提到，要把對方拉進自己的圓裡，才會提高獲勝的機率；相反的，如果被拉到對方的圓裡就完蛋了。

我到現在的生活，是不是都一直被拉到別人的圓裡面？總是因為害怕被排斥，小心翼翼的看別人的臉色。遇到問題時，我是不是也無法確實掌握重點，把事情拉進我的圓裡面呢？

究竟該怎麼做，才能和這種令人厭倦的不安和恐懼一刀兩斷？

我想到金城一紀的作品《GO》裡的一個場景，主角跟作者一樣，都是住在日本的韓國人，他沒有歸化，在日本社會中以韓國人的身分生活，這本身就不是一件輕鬆的事情。主角的爸爸是拳擊選手，在他四年級的時候教他拳擊，並傳授一個道理。小說中的其他場景我都忘得差不多了，但唯獨這一幕留下深刻的印象：

「把左手朝前伸直。」

我照著他的話做。老爸又繼續命令道：「手不要放下，整個身子轉一圈。」

「什麼？」

「往左往右都可以，像個圓規一樣，以你的腳跟為圓心轉一圈。」

看到老爸的神情很嚴肅，我雖然有點猶豫，還是伸直左腕，身子向左轉了一圈。

等我轉回來時，老爸又說：「剛才你用腳跟所畫出的圓形範圍，就是你現在身體的大小。只要你對侵入這圓形範圍的任何東西展開攻擊，或待在裡頭守株待兔，便能毫髮無傷的活下去。聽得懂我說的話嗎？」

我緩緩點了個頭。老爸繼續問道：「對這有什麼感想？」

我稍微想了想，便回答：「土斃了。」

老爸開心的笑著說：「拳擊就是以自己的拳頭突破這個圓形範圍，從範圍外奪取任何東西的行為。圓外高手可多著呢；有時在你還沒能侵犯到對方以前，對方就侵入了你的勢力範圍，搶走你最重要的東西。而且理所當然的，挨揍很痛，揍人也會痛。總而言之，兩個人互毆是一件很恐怖的事。聽了這些，你還想學拳擊嗎？還是寧願留在圓形範圍裡圖個輕鬆？」

我毫不猶豫的回答：「我想學。」

快到五十歲時，我意識到這是一個隱喻，在比喻的是生活。不過，我認為他有個地方說錯了——就算在圓裡面，也不安全。

「消除害怕的方法？有啊！就是獲得成功。你不敢投資？害怕自己會失敗？只要正確設定目標、投資成功一次，不僅能賺到錢，也能賺到勇氣和自信。光是坐在家裡，想著『要有勇氣、要有自信』，是不會有的。」

我看著身旁的老師，就像看到李小龍，也像看到《GO》中主角的父親。他總是把對方拉進自己的圓裡面，不放掉主導權，同時還突破自己的圓，奮力爭取圓外的事物。

「所以，你隨時都要有所準備，無論是投資還是事業，萬一失敗了，不僅會賠錢，還會賠上勇氣和自信。**錢可以再賺，但勇氣和自信無法輕易再次獲得**。所以有些人甚至會想不開，不敢繼續活下去。」

沒錯，所以李小龍才會說，**不要祈禱能過上容易的生活，而是要祈禱能在逆境中擁有足以克服的力量。**

我快到半百才體會到，沒有誰的人生是容易的，也沒有哪個圓能讓你安然無事。現在也還不遲，應該要打破自己的圓，出去跟世界一較高下，因害怕失去而猶豫，甚至會害你弄丟原本已經擁有的事物。

人生一直守著、守著，就會變成一團屎。

我希望等到旅行結束、回到日常生活中時，能擁有無論發生什麼情況都不會動搖的力量，我默默在心中下定決心。

09

無論收入高低，生活都是豐富又孤獨

從羅馬開往威尼斯的火車上，老師托著下巴，陷入沉思。

「啊～真好。」

老師口中發出低沉的聲音。

「我們真是挑對了季節，我還有什麼時候能像現在這樣出來旅行呢？」

雖然他是在對自己自言自語，但我仍認真聽著。

我想起昨晚跟老師聊到的內容。

他昨天有點憂鬱，用不同於以往、有氣無力的聲音向我說：「人都是一樣的，以前我們夫妻說要努力生活，每天一大早起來勤勞工作，懷抱對未來的夢想，上了年紀後才發現，當時反而才是最有趣的。雖然賺大錢之後，會出於補償心理而住在昂貴的飯店裡，但我真正占用的空間頂多就是床的一角。在這個過程中，不知不覺我已經六十歲了。最近我常常在想，每個人到頭來還是一個人。我做生意的時候是一個人，投資的時候也是一個人，雖然有家人，但在我極度煩惱的時候，無法跟他們說，等到我創造一番大成就後，現在又要一個人走，我覺得很茫然……。」

老師的表情中透露著孤獨。

我也同意，**也許人生就是四處徘徊，不斷尋找名為幸福的青鳥。**

不過，是我的錯覺嗎？老師臉上瞬間浮現出悉達多（按：釋迦摩尼尚未覺悟前之名）因為無法擺脫人生苦難而煩惱的表情。

生活真的是既多樣卻又一致，看似豐富卻又孤獨。

10 擦肩而過也是緣分

在羅馬的第二天，我們吃完晚餐後決定要步行到特米尼車站（按：歐洲最大車站）當作散步。在路上，我們看到一位高挑的東方女性，拖著沉重的行李箱東張西望。也許是因為我們已經待在歐洲超過十五天了，所以一眼就能看出那是韓國人。

「哇，現在的年輕女生真的很勇敢。」老師讚嘆道。

我們猶豫要不要幫忙，但因為身處於羅馬陰暗的街道上，所以就錯過了。特米尼車站熙熙攘攘，光是夾雜在人群裡就讓我相當興奮，這是身處陌生環境而產生的悸動。當我跟老師一邊聊東聊西，一邊走回飯店時，就看到剛剛那位年輕女性在找飯店電梯。我們住的聖馬可飯店的電梯非常特別，就像十九世紀末、二十世紀初的電梯那樣，要打開房門般的小鐵門，才會看見裡面有一部像玩具一樣的電梯。

我們剛來的時候也因為找不到電梯而暈頭轉向，老師有過那次經驗後，就爽快的告訴她電梯的位置，並問道：「你是韓國人嗎？一個人旅行嗎？」

她說自己請一個星期的假來義大利旅遊，簡單問候之後，我們就回到三樓，她則住在五樓。

「年輕人真的很厲害。」老師連連讚嘆。

隔天早上，我們在飯店吃早餐自助餐，那名女性獨自進來吃飯。

「我想招待她喝一杯咖啡。」老師這樣說。

有句話說，就算只是擦肩而過，也是千萬年修來的緣分，所以應該好好珍惜。之後，我們在飯店附近的咖啡廳一起喝咖啡，那名女性說她是服裝設計師，有朋友住在羅馬。因為朋友是上班族，所以她白天一個人觀光，晚上約好跟朋友見面。她的名字叫世恩，有著非常燦爛的笑容。

老師在旅行的過程，常常思考年輕人適合做什麼工作，一直放在心上；

聽到她是設計師後，就建議她要不要在羅馬做類似的工作學習看看。老師想投資勇敢又上進的人，在旅行時就常跟我說，想要給年輕人的不是錢而是機會。

世恩則開著玩笑，說以為我們兩人都是富豪，她的笑容稍微緩解了我們一路上累積的疲勞。在我們前往威尼斯之前，都有世恩親切的陪我們聊天。後來，我們被長期在特米尼車站徘徊的騙子騙走了買火車票的手續費，那時還好有她在，才能讓我氣到發紅的臉上露出微笑。

老師在前往威尼斯的火車上向我說：「她的教養真的很好，善解人意又有禮貌。不知道在她大放異彩的這段過程中，有沒有緣分再遇到她。請姜局長多多幫忙。」

聽到這句話我心想，現在我能幫她什麼啊？應該是還好沒有妨礙到她吧？不過，倘若有一天，我的情況和地位允許我幫助他人，而且在那之前緣分都沒有中斷，那麼，那一絲緣分也許就能成就些什麼。儘管是在街道上締結的緣分，也希望能締造出驚人的奇蹟。

11

當你沒有可以倚靠的人時，就代表你成為大人

「我們從石都來到水都。」

我們在威尼斯聖露西亞站（按：威尼斯本島唯一一座鐵路車站）下車，要往下走到站前廣場時，老師說出這句話。

他偶爾會說出一、兩句不錯的評語，通常都是在興奮的時候。在這裡，老師每踏出一步都驚呼連連；他眺望威尼斯的風景好一陣子後問我：「這個都市是什麼時候建立的？感覺是很艱辛的過程。又不是建好之後才把海水倒在下面，是完全浮在水上的都市耶！太驚人了。」

沒錯，水上都市威尼斯，因獨特、神祕又美麗的都市風景，每年吸引超

過一千兩百萬名觀光客，雖然現在很繁華，但也有一段辛苦又貧瘠的過去。

西元五世紀，匈奴人為了將版圖擴張到義大利半島而南下，人民為了躲避殘暴的匈奴人，紛紛在海面上釘木樁，在那裡建設都市。之後的威尼斯克服這種貧瘠的環境，在文藝復興時期透過貿易，晉升為義大利半島上最大的海上貿易都市。

驚人的是，明明以地理條件或地緣政治來說，這裡都是相當不利的交接點，但它憑著獨特的現實主義與經濟敏銳度，在伊斯蘭教和天主教之間聰明的保持平衡，逐漸累積財富而變得繁榮。

「原來如此，難怪我會這麼喜歡這威尼斯。」老師的聲音些微顫抖著。

我好像可以明白為什麼他會如此激動，從進入威尼斯的那一刻起，我就覺得這座城市真的跟他很像。老師的人生就像一粒種子隨風飄散，最後奇蹟似的在都市水泥的裂縫中扎根。那粒種子單憑著想要活下來的強烈意志，奮力展開葉子，試圖留住每一粒微小的雨滴。

「我覺得這趟旅程真的選對了，光是看到這威尼斯，就充分值回票價了，真的很謝謝你。」

聽到老師突如其來的道謝，我還在猶豫要怎麼回答，他便繼續說道：「剛出發的時候，我想我可以跟你學習歷史、地理、涵養等知識，你則能跟我學經濟和投資知識，這樣對我們來說是雙贏。雖然不知道你是怎麼想的，但我非常滿意，也非常感謝你。請你知道，我是發自內心的感謝你。」

＊＊＊

如果說威尼斯讓老師回想起自己的童年，那威尼斯則讓我看見了金惠男。

金惠男是《三十歲前一定要搞懂的自己》一書的作者，也是一名精神分析學者，罹患了帕金森氏症。我之前並不知道這件事，只知道她是一名暢銷書作家，後來透過某次報紙的採訪才得知。帕金森氏症是很可怕的疾病，發病的主因為腦中產生多巴胺的神經細胞退化。

罹患這個疾病後，手腳會開始發抖，行動變得遲緩，身體也會越來越僵

▲ 水上都市威尼斯。

硬，甚至可能導致憂鬱症和失智，而且沒有方法可以治療，頂多只能透過藥物來延緩症狀，罹病十五年至十七年後，就會演變成非常嚴重的殘障甚至死亡。

金惠男在與帕金森氏症搏鬥的二〇〇二年至二〇〇九年間，出了五本書，合計賣出一百二十萬本的驚人數量，但更令人吃驚的是，她竟能在與病魔抗爭的過程中寫出五本書。連身體好端端的人，要寫一本書也要花上好幾年，再加上陷入絕望和憂鬱症之中，要做其他事就已經很不容易，但她卻沒有被困在悲傷和憂鬱中，反而更努力生活。

為什麼？背後的原因是她的想法和他人不同。能做出與眾不同的事、度過不平凡的生活，這種人的想法肯定也極為特別。

而她說，她所做的一切都出自「**忍耐**」。全世界的人都在忍耐，可見忍耐是件非常重要的事。其實當時我看到這個句子非常感動，人生在世，我最討厭聽到別人說：「你為什麼要這樣子活？為什麼要忍耐？你還要為別人活到什麼時候？徹底拋下不就得了？離職吧！就算離開公司後餓死、凍死，拚死拚活還是要創業，這樣才能活得像個人。」

面對這番言論，如果我回覆說，我是在用自己的方式討生活，對方就會想盡辦法說服我，試圖讓我理解我這樣的生活方式是錯的。最後，我必須直接說出：「你真好、真羨慕你、你什麼都很好！」雙手比讚給他看，這場對話才能結束。

總的來說，提出建議的那個人越強勢、越想說服別人，往往代表他越渴望被認可，所以我都會這麼回覆。面對想獲得認可的人，就盡量認可他，不要跟他吵。

但如果對方只是隨口說句「不要再忍了」，我就不會回應對方；對我來說，我只是在忍耐罷了。誰不知道人生是一片苦海？自呱呱墜地開始，到二十幾歲的全盛期結束後，人就會開始衰微。懷念已逝的青春、想念離開的人、惋惜未完的夢想，這就是人生。在這麼漫長的忍耐過程中，如果有人提出「不要再忍了」的忠告，怎麼聽得下去？

不過，聽到金惠男說全世界的人都在忍耐時，我卻感到非常感激。人之於命運，是無可奈何的，難道我能夠阻擋某天降臨在我身上的不幸嗎？難道我能對出生時就擁有的家人和環境做些什麼嗎？儘管我很努力生活，但若是無可奈何的事，就得忍耐。命運來臨時，難道還有除了忍耐之外的方法嗎？

金惠男還說，忍耐不只是默默順從一切。人在忍耐的過程中，憤怒、屈辱、不滿等情感，都會像熔爐一樣混雜其中並沸騰，這時，若不想喪失自我，就必須去回想他人對你的期待。這才是她所謂的忍耐。

如果你看到身邊有人正傻傻的、吃力的勉強自己忍耐，請為他們加油；不用沒事瞎操心，給些沒什麼益處的忠告，叫他們「不要那樣子過生活」，只要管好自己就好。

那個人若正在忍耐，代表他很慎重，懂得為未來著想，不想不負責任的跟社會賭一把，而是選擇扛下自己該扛的重擔，為了該守護的人而努力，為了不要留下更大的後悔而忍耐今天。我沒辦法說哪種選擇是對的，但跟巨大的命運抗衡的忍耐，非常令人感動。

金惠男也正在忍耐自己的疾病，當她是一名精神科醫生時（現在已經沒有在看診），病人常將怒氣發洩在她身上，她也會忍耐。作為一名忍耐高手，她有兩個方法。

第一個方法是**一次只走一步**。罹患帕金森氏症後會頻尿。某天晚上她想去廁所而準備下床，腳卻不聽使喚，差點就要尿在褲子上。她抱著悲慘又茫然的心情看向自己的腳，然後慢慢的移動一步，結果腳竟然成功動起來了，再看著一隻腳，慢慢抬起來，然後看向另一隻腳，慢慢抬起來……就這樣，不知不覺就到了廁所。

「哦！原來要一次走一步！」

那時她明白了，不要只是看著遠方，而是在持續一步步移動的過程中，就會抵達目的地。如果想在世上好好忍耐，一次只能踏出一步。

另一個方法則是**減少自己依賴他人的傾向**。

「看診的時候，通常只要父母離開診間，看診過程就會變得更順利。如果沒有可以依賴的地方，人的自我才能拯救自己。」

小時候受到委屈而拚命忍耐時，若有人說：「咦？這小孩快哭了耶！快哭了、快哭了。」任何孩子聽到這種話都會毫不保留的人哭；長大之後，如果有人一直在旁邊說「你真的很辛苦」，也會覺得自己真的很辛苦，並相信「可以覺得自己很辛苦」。

但金惠男說，若連小事都說成是傷口，就代表你的生活到處都是問題。小孩子只要遇上無法解決的狀況就會哭，會請求幫忙，但大人不一樣，我們沒有可以依賴的人。其實，當你沒有可以倚靠的人的時候，就代表你已經成為了大人。

生活無論如何都要忍耐，朴老師在痛苦的童年時期，也是吞下眼淚咬牙苦幹，金惠男也正在忍耐這名為帕金森氏症的命運。

威尼斯人在遇到生活的考驗時，便在水面上忍耐著，最終，他們總算打造出世上最美麗的水上都市。

12 大腦會騙人，身體記憶不會

我總覺得老師自帶某種超能力。一開始我以為只是偶然，但後來發生得太頻繁了，頻繁到讓我有點害怕。

舉例來說，我們在拿坡里中央車站等火車，準備從拿坡里坐火車到羅馬時，我手中拿著歐洲鐵路通行證，只要付訂金就能坐進頭等艙。

這兩個月不斷搭火車，非常疲憊，所以能搭到頭等艙是天大的好消息，可以享用免費的飲料和水，也能拿到小餅乾，光是能享受這些服務就覺得很幸福。因為老師平常連一杯咖啡、一杯水都很計較，所以如果能免費拿到水和飲料，就有種賺到的感覺。

無論如何，我們買到了車票，在月臺靜靜等待火車到站。歐洲的火車通常是在十五分鐘前才決定停靠哪個月臺。因為我很怕錯過火車，所以不斷盯著電子螢幕，十分著急。那時，老師突然拿起行李，說道：「應該是在十六號月臺那裡，我們過去。」

我瞬間慌了：「不，請等一下，還沒有公布……。」話還沒說完，電子螢幕上就出現我們要搭的火車班次，而且停靠月臺真的是十六號，我驚訝的問：「你是怎麼知道的？是不是趁我不注意的時候偷看電子螢幕？」

「沒有，我又看不懂。」

「那你怎麼知道？」

老師笑著說：「嘿嘿，有這種能力，應該就不怕在歐洲餓死吧？」

還有一次，我因為想買礦泉水而四處尋找便利商店，但是怎麼樣都找不到，老師卻一眼就看到了；找飯店的時候也一樣，我打開 Google 地圖，跟著導航走，好不容易找到路，老師卻在聽我講了幾句後就立刻找到招牌。

難道這就是動物的直覺嗎？因為實在是太好奇了，我趁著我們在咖啡廳喝咖啡的時候問道：「你有什麼祕訣嗎？」

「嗯？」

「不管是什麼東西，你都能快速找到，究竟是用了什麼方法？」

「哪有什麼方法？就只是有個感覺，然後再跟你確認罷了。」

「嗯……好像有什麼蹊蹺。」

＊＊＊

後來，我親眼目睹老師接二連三的使用他的「超能力」。從匈牙利布達佩斯前往斯洛伐克首都布拉提斯拉瓦時，我有先確認過飯店前的地鐵站距離中央火車站三站，但老師卻在列車停在某一站時一直說：「應該是這裡，我們要下車。」我回道：「不是，還要再坐一站。」

但我跟老師說完後，心裡還是有點不安，於是趁車門打開時看了一下站名，結果竟確實寫著「中央火車站」的大字，我們趕緊收拾行李下車。

「你是怎麼知道的？」

「就只是一個感覺啦，趕快走吧！快來不及了。」

接著，我想到出站後，剪票口會有人員檢查車票，於是開始翻找車票。昨天我們抵達布達佩斯時，就被兩位站務人員攔住，而且他們只攔了拖著行李箱的我們兩人。

不過，在我急於找出車票時，老師卻顯得非常從容。

「今天不會檢查車票，不用擔心，直接過去就好。」

「你忘記昨天發生的事了嗎？趕快把車票拿出來，這裡有寫，如果沒有票會罰五十倍的錢。」

「哈，沒事啦！」

結果到了剪票口，連一個人都沒有，不需要拿出車票就順利通過，真是見鬼了！

從布達佩斯搭火車到布拉提斯拉瓦時也一樣，我們要搭的火車好像是在七號月臺，但不確定目前停在七號月臺的火車，是否就是我們要搭的那班，就算想詢問站務人員，身旁卻沒有服務人員的蹤跡。

「老師，請你先在這裡稍等一下，我去問問看。」

「就直接搭啦！好像是這班車沒錯。」

「要是搭錯就完蛋了，會搭到其他地方去耶！」

「沒關係啦！」

既然老師都這麼說了，我只好同意，還好在找車廂時，發現車上有標示火車目的地：「中途經過布拉提斯拉瓦，開往布拉格」。天啊，真是見鬼了！為什麼我找半天都沒看到，老師卻一眼就看到了？只有兩個可能性，要不就是我是笨蛋，要不就是他有超能力。

我搭上火車後，鼓起勇氣問老師：「你是外星人嗎？」

「你問這什麼問題？」

「老師的血是白色還是藍色？」

「嗯？你還沒睡醒嗎？」

「那請你告訴我，你到底是怎麼知道的？這裡的站名又不是英文，而是看不懂的怪異字母，你怎麼會知道該在這裡下車？怎麼知道不會有人來檢查車票？又怎麼能信心十足的說，這班是通往布拉提斯拉瓦的車？」

老師一聽完就仰頭大笑，然後點點頭表示他明白了。這時，我用眼角餘光瞄到一個穿制服的人，沿著每個座位對乘客說些什麼，我以為是檢查車票的人，趕緊拿出我的歐洲鐵路通行證。

「那不是檢查車票的人。不用那麼著急。」老師說。

「咦？」

結果，那個人走到我們的座位旁時，遞出一張護貝好的紙。我不太清楚細節是什麼，但上頭用英文大大的寫著「為了幫助某人而募款」。當時我們已經在匈牙利買了很多香菸，所以手頭上只剩下零錢，我打算把所有的零錢都給他，老師卻說他不收零錢；結果，對方還真的不收。這讓我更加篤定老師是外星人的論點。

過沒多久，有個服務人員推著餐車過來，問我們有沒有要什麼。我們點了兩杯咖啡，咖啡送來後，我發現並不是裝在免洗杯裡，而是比較漂亮的茶杯中，看了心情就變得很好。

「這裡竟然連免費咖啡都這麼高級！」

「哪是免費的，待會兒就會過來收錢了，你先準備好。」

結果，服務人員立刻過來跟我索取三．八歐元。

到了這個時候，我已經下定決心要挖出他那份超能力背後的真正祕密。

我逼問老師：「請趕快告訴我，你的超能力從何而來。」

「什麼超能力？只要好好觀察，再用常識判斷就行了。」

「好好觀察再用常識判斷？」

「對啊，剛剛我們快到布達佩斯中央火車站的時候，我觀察坐在我們身旁的乘客，大家都拿著行李箱；快到站時，大家都起身準備，所以我才會問是不是該下車了。那些人明顯跟我們一樣，都是要去別的城市的人，所以我才推測那站應該是中央車站。」

「……！」我愣了一下，繼續問：「那你怎麼知道不會有檢查車票的人？那只是隨便猜的？」

「不，也是用常識判斷。不管是布達佩斯的檢查員還是韓國的交通警察，你有沒有想過他們出勤一次可以收到多少罰款？我們出發的時間是上班時間，沒有什麼觀光客，而且又是早上通勤的忙碌時間，難道他們會在報酬率那麼低的時間點出勤嗎？」

「原來如此！那你怎麼知道這班火車是我們要搭的那班？」

「你之前說會從七號月臺發車，對吧？」

「對，但我們提早三十分鐘抵達，你怎麼知道就是這班火車，而不是下一班？」

「如果這是其他班火車，那就得趕快發車離開，讓下一班火車能進來，但只有三十分鐘根本不夠，因為讓乘客上下車和整理車廂都需要時間，火車又不是只要通過車站就好，還得算進讓人進進出出的時間。」

「……！」

老師繼續說道：「至於剛剛那個人，你應該是看他沿著每個座位問問題，才以為他是檢查車票的人。我之所以知道他不是檢查車票的人，是參考了之前的經驗，因為檢查員都是在火車出發後十分鐘左右出現。另外，咖啡要收費這件事，是因為我看到服務人員腰上有錢包，才猜到這不是免費的咖啡。這些觀察其實都很正常，也不是什麼超能力，來，喝咖啡吧！」

一臉悠閒的老師並沒有注意到，我當下的心情就像華生聽完福爾摩斯解釋一起凶殺案一樣；聽完說明後，才驚覺為什麼這麼簡單又合理的事，自己卻一點都沒發現。

他啜了一口咖啡後繼續說：「看書學習的人，會認為只有書上的東西才重要，但真正了解這個社會的人都知道，世上最重要的知識，都要在現實生活中學習。**頭腦會騙人，身體卻不會。我們會覺得某些事情不可思議，很可能就是因為只在腦中想像，沒有實際去做過。**

「你應該聽過一朵鬱金香值一棟房子的故事吧（按：在十七世紀，荷蘭人開始售賣鬱金香球莖期貨，其中最名貴的品種價格相當於一棟豪宅；後來，當鬱金香供應量大增時，鬱金香球莖價格大跌九〇％）？所以我們才要隨時觀察現實條件，並以常識判斷。頭腦會欺騙自己，所以我們要親身去體驗，並透過經驗學習，這兩者都很重要。」

所謂人生識字憂患始，人的毛病就是稍微懂一點東西，就容易被自己欺騙，用先入為主的觀念或偏見判斷社會，我過去就曾陷入這種偏見之中，而我今天從老師那裡學習到，**打破偏見的最佳方法，就是觀察和嘗試**。

我笑著跟他說：「儘管如此，超能力就是超能力。你在觀察和分析時，速度還是比普通人快，你要不要用刀子輕輕劃過皮膚看看？你的血應該是白色的吧？」

我也想透過這趟旅行，向老師學會他一半的超能力。

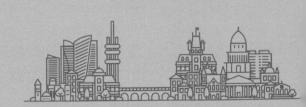

第三章

不管你把錢花在哪，都要拿到收據

斯洛伐克、捷克、波蘭、德國

01 想成功，你得抱著必死的決心

斯洛伐克中央車站很像韓國小鎮上會有的風景，讓我想到小時候放假坐火車回老家時會看到的那種車站。前一天晚上才下過雨，春日的陽光清爽的灑落在站前廣場上。我們因為提早一個小時抵達，所以坐在長椅上悠閒的觀察人群，一邊享受和煦的陽光、一邊聊天。

「像這樣坐在這裡，讓我想到小時候一個人呆呆的站在釜山站的回憶。」

「老師最近也會一直想到那段時期嗎？」

「當然啊！根本忘不了，當時沒有家人可以依靠，就算肚子餓也沒有錢買麵包吃。那時候還沒有什麼關於不該體罰的概念，要是不小心摘了別人家的果子來吃，就會被打得慘不忍睹。哈，感覺還是昨天的事，但轉眼之間我已經六十歲了。」

廣場上的鴿子都被他撒的餅乾屑吸引過來。

「人生真是快到讓人難以把握，對吧？」

真的，快到令我害怕。我時常覺得自己的心似乎還停留在二十歲，我想加入布拉提斯拉瓦年輕人鬧哄哄的小團體之中，跟他們一起嘻笑談天。不過，當我突然看到玻璃窗上映照的臉龐時，如夢初醒，讓我嚇了一跳，窗裡映照出一個呆呆站著的中年大叔。

雖然我的心仍年輕，覺得自己什麼事都做得到，但細數餘生便會發現，還能工作的時間大概只剩十五年，但我卻還像一棟連地基都還沒打完的建築物，進度嚴重落後。想到這裡，我立刻變得非常焦躁。

老師似乎讀懂了我的心思，用低沉的聲音說道：「旅行結束後，你要抱著必死的決心，努力朝著夢想奔馳。努力過後再回頭看看，你就會感到非常不敢置信：『這真的都是我做的嗎？』我的人生就經歷過三、四次這種瞬間。努力播種、種樹、施肥、栽培，到了某個瞬間，睜開眼睛時發現大樹上已結實纍纍，果實多到連籃子都不夠裝，重到樹枝都快被弄彎。只要你足夠懇切，死心塌地的期盼並努力，一定也會遇到這樣的瞬間。」

老師一有空就不斷鼓勵我、給予我勇氣，每當我感受到他的心意，總是有點想哭，因為在成為大人後，不知道從什麼時候開始，比起帶來勇氣的言語，我更習慣他人的指責、批評、中傷、嫉妒和嘲笑。

他說，懇切的態度會為你帶來奇蹟。我聽到老師的故事時，想起《哈利波特》系列作家J．K．羅琳（J. K. Rowling），她在異國他鄉生下孩子、離婚後回到英國，並開始設計《哈利波特》一書的雛型。從那一刻起，她抱的孩子就成為哈利．波特，她搭乘的火車則成了霍格華茲特快列車。在痛苦與迫切感交織的瞬間，迸發出令全世界著迷的驚人故事。

老師坐在長椅上享受著日晒，後來再次看著我的眼睛，說道：「想要成功，就要度過好幾個死亡關卡。我覺得你沒有承受過那種辛苦和痛苦，所以不太清楚，要不要現在讓你稍微嚐點苦頭？」

「我也是吃過很多苦的人耶！」

「哈，那種只是『困難』，跟我所說的痛苦不一樣。我說的是在社會最底層的痛苦。你知道餓到極點有多麼煎熬嗎？你知道被鄙視有多麼委屈嗎？你曾有過『就算這世界上沒有我這個人，連一隻老鼠都不會難過』的心情嗎？這才是痛苦。不過，我並沒有被這種痛苦擊倒，反而努力去克服，最後便得到了回報。」

我說不出話來，彷彿再次看見了J．K．羅琳的心情。她下定決心，無論如何一定要守護自己的孩子，這心意不就化為哈利．波特的媽媽犧牲性命、守護主角的劇情嗎？

「姜局長，接下來你會經歷很多難關，但無論如何你絕對、絕對、絕對不要放棄。這是我的親身經歷：做生意，絕對不會失敗，只是有些人會因為感到疲憊而放手，所以才會失敗。只要記住這點，這趟旅程就有了意義。記住，人生是屬於你一個人的，**在你超越痛苦時，就會收穫名為成功的果實**。」

一縷清風吹過我的心中。在布拉提斯拉瓦的陽光下，我將這些話深深刻在心裡，想讓自己牢牢記住：人生是屬於你一個人的。

02

「職人精神」，任何時代都重要

抵達布拉格車站時，我們心中相當焦急，因為我們在火車上時，透過谷歌（Google）搜尋到一間叫「TOMO」的韓國餐廳。一位親切的部落客在自己的部落格上介紹，說這間韓國餐廳的炒碼麵很好吃，而且價格親民，只要一萬韓元。

這幾天都沒有吃到辣椒和大蒜，光是看到菜單，口水就快滴下來了。不過，谷歌上的資訊顯示，這間店的午餐只供應到下午三點，我們過去會很趕。根據之前的經驗，歐洲人關店非常準時，只要稍微晚一點，就要等到五點以後的晚餐時間。我們滿心期待能吃到炒碼麵，絕對不能錯過。

火車一到站，我們就火速拉著行李箱奔向計程車招呼站，在那裡看到一整排等著客人上門的計程車。我們走向最前面那一輛，司機喊價說要四百克朗（捷克貨幣單位），我趕緊按下手機上的匯率轉換器，發現等同兩萬韓元（按：約新臺幣四百二十元）。我的天啊！才短短七分鐘的車程，竟然要兩萬韓元，我嘀咕著「真是獅子大開口」，準備轉身時，他改口說只要十歐元，等於一萬三千韓元（按：約新臺幣兩百七十元）。雖然還是有點貴，但因為炒碼麵不等人，所以我們決定還是先搭上車再說。

勉強趕到餐廳後，我們氣喘吁吁的等待兩碗炒碼麵和壽司套餐上桌，壽司套餐也只要一萬韓元，便宜到令人難以置信。一上菜，老師立刻吃了一口海苔醋飯，並豎起大拇指；我則先沾了一點山葵再放入嘴裡，實在是太美味了！

接下來，我們根本不在乎汗水淋漓，直接吃起熱騰騰的炒碼麵。老師非常滿意的呼喚老闆，結果真如他所猜測，老闆曾在韓國擔任日式料理餐廳的主廚。老師說，這間餐廳是我們這趟旅程去過的韓式料理餐廳中水準最高的，再次對主廚豎起大拇指。

開心的和老闆聊完之後，他替我們叫了計程車。在路途上，我觀察計程車跳表的幅度，才察覺剛剛去程搭的計程車有多貴。結果，這位司機載我們到飯店後，也把我們當成「盤子」，計價表上寫著一百二十五克朗，換算下來是六千韓元，司機卻說要以歐元計算，叫我們付十歐元，等於是一萬三千韓元。

因為實在差太多了，我硬是不給，還打電話給TOMO的老闆，問他合理價格是多少。司機後來改口，說如果不付六歐元，就要送我們去警察局，在一番折騰後，我付了六歐元就回飯店。

＊　＊　＊

剛來到布拉格時感受到的悸動，在搭了兩次計程車後便徹底煙消雲散。我一邊碎碎唸，一邊打開Uber，想看看布拉格有沒有服務。咦？有耶！UberPOP（按：現已終止服務）和UberBLACK（尊榮優步）都有提供服務，我立刻打開應用程式，輸入優惠券，以後在布拉格只要有Uber，就不用再搭計程車了。

突破既有產業中的弱點，新技術就能成功發展。Uber有好幾個優點，像是乘客不需要用生疏的外語告知司機目的地，司機可以透過GPS找路；也不用擔心因為不熟悉當地環境，司機藉機頻頻繞路，因為如果被演算法發現，就會遭受懲罰，或是被剝奪駕駛資格；此外，乘客也不用有「一定得給小費」的壓力，只要下車後多給幾顆星星就好。

在這種情況下，還有誰會想搭捷克的計程車？如果捷克的計程車無法以別的方式吸引客人，說服客人為什麼計程車比Uber更貴，還要選擇搭計程車，那計程車勢必會被淘汰。不過，要是因為Uber讓許多計程車司機丟了飯碗，就一味禁止Uber，並不是一個有效的解決方式；選擇更方便、更有效率的產品和服務，本來就是人的天性。

現在，連像我這樣的大叔都會用訂房軟體找住宿，用Google導航找路，用Eurail（歐洲鐵路）應用程式事先查詢火車路線，以匯率轉換器比較匯差，用Foursquare（按：提供使用者定位的社群網路服務）和TripAdvisor挑選餐廳；用KakaoTalk（按：韓國普遍使用的通訊應用程式）或FaceTime跟家人視訊……數位服務已經深入我們的生活中，對比我更年輕的世代而言，他們的生活更是跟數位服務密不可分。

我們很難用人力阻擋這樣的改變發生，在這樣的時代，如果累積許多負面評價，該產品和服務就會慢慢消失。因此，面對捷克的計程車司機時，我心中其實非常遺憾，他們似乎不知道，當他們強迫客人多付五千到一萬韓元時，自己的產業正在凋零中。

不，換個角度來說，說不定我們也像捷克的計程車司機一樣，對於擺在面前的命運渾然不覺。如果我無法像「職人」一樣，將我目前的工作昇華到藝術的境界、感動顧客，那很可能就會在不知不覺之間，被懂得破壞性創新的競爭對手打敗。

我一邊想著這些事情，一邊給予 Uber 司機五星評價。捷克的 Uber 司機非常親切，跟計程車司機不同，但那份親切感也讓我不太適應，亦不禁懷疑對方是否真心。

在這段期間，Uber 的外送服務和共乘服務正進軍韓國市場。韓國市場已經有其他共乘服務軟體了，像是Poolus、LUXI（按：已於二〇一九年終止服務）和TiTiCaCa（按：現已終止服務）。以前還會有人覺得，只要把Uber趕出去，本國產業就不會受影響，但市場已經證明那只是錯覺。

新創公司就算規模小，終究會利用自有的規模讓公司成長。某位創業投資者說，出租住宿網站Airbnb的兩位創業家，就像蟑螂一樣怎樣都死不了，用盡各種方式生存下來。其實，新創公司就像蟑螂一樣，嘗試限制他們是很愚昧的行為，因為我們不可能限制得了，他們是踩不死的。

他們創造的新服務，將會形塑出往後的未來，如果想跟他們競爭，就必須先意識到自己公司存在的意義，提供符合客戶需求的服務，因為破壞性創新會毫不留情的朝老公司的弱點攻擊。

03

風采，需要時間淘洗，用錢買不到

我們在布拉格的住處是叫安提克酒店，外觀有點褪色，飯店大門偏窄，進去後就能看到左側的櫃檯。櫃檯後有一位年紀很大的老爺爺，雖然做事緩慢，但他以非常有品味的語氣詢問我們的資料，在他遞鑰匙給我們、簡單的問候我們時，也讓我感受到他身上獨有的高雅氣質。

「這飯店不錯，選得好。」老師的臉上笑顏逐開，進入房間後也以相當滿意的微笑環顧四周。雖然櫃檯後面的老爺爺看起來很年邁，但房間和家具都維持得很好，既整潔又典雅。

老師摸了摸晒乾的棉被，說道：「我喜歡這種棉被，洗得很乾淨，又晒得蓬鬆，啊！應該要睡了。」然後就像個孩子一樣鑽進棉被裡。

我們一大早從斯洛伐克出發，搭了四個多小時的火車抵達布拉格，前往飯店的過程中，計程車司機也讓我們戰戰兢兢，所以我也已經全身筋疲力盡。累積了一整天的疲勞，老師和我都在大白天就沉沉睡去。

一、兩個小時過後，老師把我搖醒：「去逛逛吧，我很想看看布拉格。」

我們走向著名的查理大橋（按：跨越伏爾塔瓦河的著名歷史橋梁），布拉格市區景色沿著鐵道展開，建築物有如一顆顆小寶石一樣閃閃發亮。

「我覺得，如果羅馬是一名帥氣的男子，布拉格就是美麗的女子。」

拿起相機隨意一拍，整座城市都像一幅藝術品，沒有一個角落不耀眼。三十座聖人雕像豎立在查理大橋兩側，這景色對於陌生的觀光客而言，非常具有吸引力。

我走到橋中央，在內心默默許願，突然，有煙火在空中綻放，那是專為觀光客放的煙火。看來老師的動物直覺這次也相當靈驗，不然怎麼會這麼巧，我們剛好在放煙火的時候站在查理大橋上？煙火點綴著布拉格深藍色的天空，在我身邊的情侶不約而同的緊緊擁抱、接吻，他們的青春既美麗又令人羨慕。

我不禁產生一種無聊的念頭，是不是也要在無奈之下抱著老師親一親？

後來我們走下橋，漫步到市區，再次回到溫塞斯拉斯廣場時，看到一對韓國新婚夫妻在攝影師面前擺 pose，攝影師叫那對夫妻「這樣子比比看、伸出腳看看」，不斷按下相機的快門。

「好棒喔！他們的蜜月旅行還出動攝影師，真羨慕那對夫妻。」

我一說完，老師就盯著我看，然後望向那對夫妻說：「你羨慕他們？結婚不該像那樣，那樣一點都不棒。」

他快步往隔壁另一條路走去，在那條路上，兩側都是華麗的名牌店，像是卡地亞（Cartier）、雨果博斯（HUGO BOSS）、愛馬仕（Hermès）等。

老師向我說道：「如果你剛剛帶一名女性一起欣賞查理大橋的美景，再散步到這裡的精品街道，買昂貴的衣服、鞋子或手錶送她的話，應該任何女人都會覺得你很帥氣，對吧？但這一點都不帥，根本算不了什麼，因為**所謂的風采，用錢也買不到**。」

老師環顧展示窗裡陳列的手錶，個個都鑲嵌著寶石，還有苗條的模特兒身上，簡約又端莊的名牌洋裝，然後說：「不要羨慕那些，你該羨慕的是別的。」

經過精品街頭後，我們再次回到安提克酒店。不知不覺間，深夜的布拉格街道在金黃色的路燈渲染下，成了一塊藏青色的油畫布。

「應該多住一天的，布拉格真的很棒，你去櫃檯問問看能不能多住一晚。」

我走向櫃檯，這次是一位優雅的老奶奶坐在那裡迎接我們，老闆娘在輕聲細語中仍不失微笑，給人一種和諧感，覺得她和飯店的高

▲ 布拉格著名歷史橋梁查理大橋的煙火。

雅相輔相成。

「美麗，您真美麗。」老師用簡單的英文讚美她，她笑著道謝，笑容十分優雅。

在回房間的樓梯上，老師連連說道：「做得好，真是選對飯店了。」像個孩子一樣開心。他又接著說：「這才是你該羨慕的姿態。這對老夫老妻將這間小客棧一般的老舊飯店，改裝成這麼有風采的安提克酒店。隨著人逐漸老去，這間飯店也在悠久的時間淘洗下，被裝扮成更有價值的精品。這就是所謂的風采，不是另外花錢買來的，而是傾注愛意照顧，形成美麗的和諧，這才是風采。」

那天晚上，老師立刻就睡著了，我卻難以輕易入睡。閉上眼睛時，我默默祈禱並夢想著，希望我和老婆能像這對老夫妻一樣，有風采、有品味的相愛；我想要如同經過時間的淘洗後，散發浪漫香氣的布拉格那樣老去。

風采是需要時間淘洗的，就和這座美麗的都市一樣。

04 不管你把錢花在哪，都要拿到收據

從捷克奧斯特拉瓦（按：捷克第三大城市）火車總站下車時，就有個不祥的預感。總站的建築物非常老舊，地板各處都有凹陷的水泥坑，就像被炮彈轟炸過一樣。很驚人的是，從月臺通往列車的老舊手扶梯竟然還能運作，總覺得莫名詭異。再加上，走到站前廣場時，沒有看見半輛計程車。車站門口竟然沒有計程車！就算用 Google 地圖的導航，也找不到能通往飯店的大眾運輸工具。

老師等得不耐煩，開始問我：「有計程車嗎？」、「我們要怎麼去？」、「要搭公車嗎？還是要搭路面電車？」、「要問問看路人嗎？喂！」

當老師的語尾上揚，還說出老師特有的「喂！」的時候，就得繃緊神經了。好不容易找到諮詢中心，一問之下才發現原來計程車要打電話叫，所以服

務人員建議我們搭路面電車，他用很難聽懂的發音叮嚀我們，要注意中間得換一次車。

這是我第一次搭路面電車，所以相當緊張。電車裡的廣播只有捷克語，我只好死命盯著電子螢幕，注意我們要下車的站什麼時候會出現。捷克語字母跟英文字母很相似，但發音方式很不一樣，所以站名對我來說都很陌生。我頂多只能對照豎立在電車站的標示板和電子螢幕上的站名來猜測。因為很怕坐過站，所以這十幾分鐘的車程我都非常焦慮；但是，好不容易到了我們要下車的站，我卻非常生氣，氣到說不出話來。

放遠望去，除了一個站牌之外，四周什麼都沒有，到處都看不到可能是飯店的建築物。完蛋了，該怎麼辦？

「你是想把我關在這裡，才訂這麼偏僻的飯店嗎？」老師隨口說句玩笑話想緩和氣氛，但我的心已經涼了一半。在尋找飯店的路上，連一間小商店都沒看到，就是一大片草原。我只能暗自禱告，希望找到飯店時，會又驚又喜的發現那間飯店非常高級。

可惜禍不單行，當我們總算抵達飯店門口時，老師說：「這是由倉庫改建而成的飯店，應該很快就會倒閉，畢竟誰會來這種地方？除了你這種傻瓜之外，還會有別人嗎？」

我大嘆一口氣，只能趕快找一間好吃的餐廳，改變一下氣氛。我完成入住手續後，趁老師去廁所的空檔，瘋狂搜尋附近的餐廳；最近的餐廳距離為二．八公里，意思就是，不管要去哪裡，都要像剛才那樣走將近一公里回到電車站。

沒辦法，這種時候選擇放棄才是上策。萬一仍然決定出去吃飯，結果食物既難吃又貴的話，就太浪費錢了。從一早到現在，我們已經沒吃午餐，只待在飯店房間，老師走來飯店時似乎已經筋疲力盡，立刻就睡著了。

不過，雖然不奢望有美食可以吃，我仍必須找到填肚子的方式。我暗自祈禱，只要能吃到一餐就很感謝了，然後跑到一樓的飯店餐廳。太好了！飯店餐廳晚上十點才關門，那就吃得到晚餐了。

回房間一看，發現老師早就醒來了，我告知他：「老師，今天就在飯店休息吧！」

「為什麼？」

「因為出去要走很遠，所有的便利設施都離這裡有三到五公里遠。」

「有什麼交通方式嗎？」

「搭計程車，不然就要走到剛剛的電車車站，叫計程車大概要等十到十五分鐘。」

老師躺在床上說：「我今天沒辦法再出去了，我要直接睡了。」

「晚餐呢？」

「在這種情況下，你還想吃什麼？」

要吃東西才能活下去，這是我的信念，所以我連拖帶拉的把老師帶到飯店餐廳，點了義大利麵和沙拉，但餐點真的很不合我的胃口，老師也不喜歡。雖然很像在吃狗飼料，但好歹還是填飽了肚子，晚上如果還是很餓，還有在瑞士買的巧克力可以充飢。

＊＊＊

吃完晚餐、洗完澡之後，還有很多時間。雖然今天充滿疲勞和壓力，但我決定還是要先整理收據。我坐在飯店房間的小書桌前，開始整理這幾天的收據。老師看到我就問：「你在做什麼？」

「我在整理收據。」

「一定要保管好哦！旅行結束後，要呈交每天的花費給我，並附上收據作為證明。」

什麼！有種被突襲的感覺。當然，我早就準備好要在旅行結束後，整理好開銷再跟老師報告，但我沒料到他想要我詳細整理出每天的每一筆開銷，而且有些店家不提供收據，像小費之類的花費更是不會有收據。

「嗯，我本來就打算要這麼做，可是貨幣單位一直在變，也有很多店家不提供收據，所以很難記得這麼詳細，再加上，之前給過的小費也很難每一筆都記得清清楚楚……。」

「那些我才不管，請完整整理成一個Excel檔，提出證明。」

明明就是一起旅行、一起吃喝，竟然叫我提出證明……老師看到我臉上堆滿了怨念，就笑了出來，然後再次用嚴肅的表情說：「你知道為什麼需要會計嗎？做生意的人，都必須懂會計，因為每一項開銷都必須證明，而證明的意思就是要呈現出來。如果只是在自己的腦中整理清楚，對方無法看到並理解，有什麼用？」

聽他這樣講，我感到有點心虛。

「你現在應該在想：『這老頭子明明就有很多錢，真搞不懂為什麼要這麼計較？』也覺得很煩，對吧？」

我閉口不言。

「其實，這才是真正應該學習的東西。你知道以前我開餐廳的時候，計帳計得多徹底嗎？就算營業額高達一億韓元，如果沒辦法正確『證明』食材費用或人力費用等，大概要多付四千萬韓元的稅。不僅如此，如果沒有收據證明，還要多繳兩、三千萬韓元，等於總共要付六、七千萬韓元的稅。

「而且，你知道保管收據有多重要嗎？只花一、兩千韓元的時候，不懂收據有多重要，但如果買一、兩億韓元的東西，卻沒有證明，之後公司被查稅時，就要上繳非常大筆的罰款。好幾年的利潤就可能在一瞬間消失。

「目前聽起來可能沒什麼實感，我舉個例子。假設每一年都賣出一億韓元的商品，但沒有收據，而營業稅是一〇%，代表要付一千萬韓元的稅，五年下來就是五千萬韓元。後來稅務人員調查時，會追討那五千萬韓元；同時，還有三六%的所得稅，那麼一年就是三千六百萬韓元，五年就是一．八億韓元。這麼一來，總共要付約二．三億韓元的稅。不只這些，五年的營收都要繳滯納金，所以被追討的金額大得可怕。尤其最近所有的交易都電子化，所以也很難鑽漏洞，因此為了生存，我都會要求『證明』，**不管錢花在哪裡，都一定要拿到收據。**」

我之前沒有想那麼多，不知道**「證明」的意義其實是在保護我自己**。老師是想教我這件事才這麼做的。

「你只有在公司上過班，才會不太了解。不過，無論是自己當老闆還是創立法人，總會遇到這些事。不管企業再怎麼龐大，如果被追討稅金，對公司而言都是重大的打擊。所以有些商人就會動歪腦筋，向開假收據的公司買收據；這麼做，就能假造出比實際營收更高的收據，簡單來說，就是為了逃漏稅。

「不過，做出這種勾當的人必死無疑，那些開假收據的公司，最後一定會被稅務機關發現，這麼一來，買收據的公司也會連帶被調查，加重課稅罰款，店家就活不下去。**如果想要自己當老闆，不管是開炸雞店還是中華料理店，最基本的都是搞懂稅務，而且絕對不能不拿收據。**」

根據老師的說明，假設有間公司賣出非常多商品，卻不提供收據，擺明了就是要逃漏稅。許多買家覺得只能自認倒楣，便在沒有收據的情況下買東西，或是因為那間公司的東西太過便宜，禁不起誘惑而買入。

這種時候，若無法提供收據，購買費用全都會被視為營業額。假如花三千萬韓元買材料後，獲得一億韓元的營業額，但沒有三千萬元的購買收據，那一億韓元都會被視為營業額，等於會被課過多的稅，但也沒有別的方法，只能多付三百萬韓元；就是因為這樣，才會有人動歪腦筋，買假的收據申報。

「所以，以前我經營大漁的時候，會刻意安排兩個人當會計。人一忙起來，就會疏於整理收據。假設餐廳每天有兩千萬韓元的營業額，一天弄丟一張十萬韓元的刷卡簽單，一整年累積下來，總共會遺漏三千六百萬韓元的營業額。因為信用卡有所得扣抵，就算全都遺漏，現在電子化制度很完整，最後稅務機關仍會發現營業額有所遺漏。

「為了扎實的記帳，我才派兩個人當會計，這對餐廳絕對利大於弊，光是好好記帳，公司就不容易倒。你也要從現在開始練習，認真記帳，能不能成為有錢人，取決於這種細微的習慣。有很多人因為沒有按時繳罰單、稅金而支付滯納金，雖然這樣講很難聽，但那種人做生意不可能成功，一定會因為無法清楚證明收支出而毀了公司。你可不要把這些話當成耳邊風。」

我聽完之後，心情變得非常沉重，因為我也常常因逾期繳款而支付滯納金。當然，那種時候雖然心情很差，但因為嫌按時繳納很麻煩，所以多付個四、五千韓元，也不會特別在意。

「所以說，**平常記帳很重要，這麼做能讓你知道有多少錢花在沒有意義**

的地方，也能提醒自己按時繳錢，避免支付滯納金。成功的人大部分都有記帳的習慣，不過我看你現在這個表情，就知道你應該沒有照著我十年前的叮囑去做。好吧！從這趟旅行開始，請養成這種小習慣，這次旅行的記帳，就交給你去做了。」

我拍著胸口安撫自己，並再次思考會計與稅金的意義，也決定回家後，要養成把家裡的所得和支出仔細記錄下來的習慣。對於奧斯特拉瓦偏鄉的老舊飯店抱持的怒意，也像春雪一般快速的融化，多虧了這個地方，我了解到一不小心就可能面臨的會計與稅金風險，也讓我明白能避開的方法。

不過，老師則繼續抱怨道：「飯店沒什麼客人，一點都不溫暖，員工也不多，讓已經很淒涼的建築物變得更淒涼了。唉，我還是早點睡好了。你是不是對我有什麼不滿？你故意把我抓來這裡，是想要折磨我吧？」

老師的話令我難過，他教了我這麼重要的事情，我怎麼會這樣對待老師呢？內心只有滿滿歉意。但現實擺在眼前，飯店旁邊除了放養的雞之外，別說是人了，根本連一隻狗都看不到。

05

設立法人的好處和壞處

「我聽完你說的話之後，比較了解稅金的重要性了。其實，我也想過之後創業要設立法人，就能少繳點稅。」

上完老師的會計與稅金課之後，我受到鼓舞，開始跟老師談論這方面的話題。

「法人可以少繳點稅？誰說的？」

「我朋友說的，他說個人事業的稅率最高是三八％，但法人的稅率只有一六％。」

老師嘆了一口氣：「我的天啊！不懂的人不可以到處隨便給人建議！自己搞不清楚就算了，為什麼還要到處散播錯誤資訊害別人？你聽好，法人稅顧名思義就是向法人課稅，不是跟法人的代表課稅。法人指的是『由法律創設的人』，所以就算是法人代表、公司代表，也不能隨便拿走法人的錢，那麼做就是貪汙。就算老闆和老闆的家人擁有法人的股票也一樣，還是必須以領股利的方式拿錢，你懂嗎？」

「竟然如此！」

「看來你已經聽懂了。若不是透過股利，直接拿公司的錢就是瀆職、貪汙，是有刑罰的。所以大股東要從法人裡拿錢時都是透過股利，而領股利也要繳一定額度的所得稅。股利所得稅最高會超過五〇％，法人的稅率是一六％，個人事業的所得稅稅率超過三〇％，所以才說設立法人比較好。會給你那種建議的人，才真的是搞不清楚狀況，他等於是在教你逃漏稅、犯法。當然，如果只是開一間小店面，一天賺的一天花掉就沒關係，國稅廳也不會太刁難那些勉強維生的小店面，不過規模變大之後，就是另一回事了。」

老師像是補充說明一樣，再附加一句：「法人在許多方面擁有好處，這點沒錯，但公司變成法人之後，老闆從那時起就要保持緊張，因為一旦出問題就會受到刑罰懲處。設立法人是很嚴肅的議題。」

「原來如此。」我連連點頭。

「所以，**絕對不要聽信身邊朋友提供的資訊就貿然行動**。那些搞不清楚狀況的人，有時候會提供亂七八糟的建議，還是要自己學習後，負起全責建立事業，聽懂了嗎？」

跟老師學得越多，就越感受到這個社會的險峻。我再過不久就要五十歲了，但在學習如何在社會上闖蕩這方面，依舊一塌糊塗。我離開公司後才知道，原來我一直都過於仰賴公司。現在擺脫這名為公司的學步器後，得習慣自己行走，像孩子一樣，一步一腳印的學習。

06

最好的決定就是盡快做決定

沒錯，都是那場夢的錯，害我們在華沙發生了一連串煩人的事情。

「昨天我睡得很不好，夢到一個脾氣很差的人，讓我心煩意亂。」

在捷克奧斯特拉瓦的寒酸飯店睡了一碗，早上老師說了這句話。假如聽到這句話，就要有心理準備，因為不知道這一天會變得多麼曲折。

「你說這裡有附早餐，對吧？應該不是自助餐囉？」

「為什麼？」

「畢竟客人好像只有我們兩個？」

我去餐廳一看，發現真的只有我們。跟老師在一起的時候，就像是跟一臺內建自動掃描功能的電腦同行。

我們坐下後，服務生端出塗有草莓醬的派、火腿和麵包籃。老師皺起眉頭：「這些食物都壞掉了，果醬乾了，麵包也放很久，這間飯店做不久了。」

也許是對不新鮮的食物感到抱歉，這次服務生拿出火腿蛋，裡面有三個荷包蛋，算是一個小確幸。我們吃完後，立刻前往奧斯特拉瓦火車總站，然後搭火車前往華沙。

火車出發沒多久，老師說：「這班火車好奇怪，不僅開得很慢，還不經過市區，而是往山上走，總覺得哪裡怪怪的。」

如果是以前的我，會認為這沒什麼，但跟老師旅行超過二十天之後，我知道他說的話不能輕忽。

果不其然，火車竟然停在波蘭的卡托維治站（按：卡托維治為煤炭資源豐富、歷史悠久的城市，有波蘭煤都之稱），沒有要繼續開的意思。車內廣播也沒有英文，我們只能呆呆坐在那裡，還好坐在我們後面一排的美國夫婦到處東問西問，我們才知道發生了什麼事。答案是火車故障了，所以才沒有走正規的路線，而是開到山上，我們要轉搭一個小時後出發的下一班火車。老師好像真的有預知地震和天災的能力。

讓我驚訝的是，波蘭人對於這種事情處之泰然，站務人員也沒有出來說明情況，車上沒有任何抱怨，大家都好好的忍耐著，讓人不禁感到佩服，只有我們兩人嚼嚼耳根子作為洩憤的方式。

「昨天晚上的夢真的很可怕……。」老師又在自言自語了。

＊　＊　＊

原本以為惡運到此為止，但這天我們接二連三的遇到許多問題。

終於抵達華沙站後，我幹練的掏出手機，打開Uber。我已經查到在波蘭可以搭Uber，只要輸入上車和下車地點就行了，非常方便。沒等多久，Uber司機抵達，載我們順利前往飯店。

但之後就遇上問題了。我們抵達設定好的飯店目的地時，出入口竟全都關閉。

我繞了建築物一圈，好不容易才找到門鈴，打開自動門進去。那裡的接待櫃檯就像房仲的辦公室，一名女性意興闌珊的擺擺下巴跟我們打招呼，問道：「你們來幹麼？」

「我姓姜，昨天有預約訂房。」

「是哦？這裡沒有你的名字耶？」

「怎麼可能？我昨天預約好了，連錢都付了！請仔細找找看。」

「我才不管，沒有就是沒有。」

我哭喪著臉，仔細看看預約內容。天啊，怎麼搞的？竟然不是這間！我昨天原本要預約這間，最後預約錯了，改訂到其他間。因為是我搞錯了，我們只好趕快離開，叫了另一輛 Uber。

老師沒有抱怨，只咂舌說道：「嗯……昨天晚上的夢真的很可怕……。」

我們再次搭 Uber 前往飯店，但這次 Uber 卻駛離市中心，進入收費站。現在又是什麼情況？我腦中警鈴大響，眼見車子開進汽車專用道，往郊區的方向行駛。這輛車到底要去哪裡？老師開玩笑道：「姜局長，你又想把我關在像昨天那間飯店一樣的鄉村地區嗎？」

天啊！我快瘋了。地圖上說開車只要十分鐘，我才選這間飯店的，以首爾的車程來計算，就是到坡州或文山等郊區，我當時還暗自心想：「這間飯店感覺很棒耶？就像古堡一樣！」

怎麼會這樣？原本說只要十分鐘，竟然花了三十分鐘才到，別說像宮殿，根本就是廢墟。照片上看到的金碧輝煌感已經不見蹤跡，只剩下灰暗和憂鬱。都是修圖惹的禍，我被騙了！

「會來這裡的客人，應該只有我們跟德古拉公爵（Dracula，吸血鬼）。」老師開玩笑戲弄我。

我只能暗自祈禱：「拜託至少房間是乾淨的。」但我的希望再度落空，牆壁上有明顯的裂痕，家具都掉漆了，房間內寒氣逼人，讓我們直打冷顫。

老師以超然的表情遞了 iPad 給我，說道：「幫我連 Wi-Fi，一邊看平板、一邊躺著休息吧！都已經這樣了，還能怎麼辦？我用完平板就去睡。」

應該是看我氣到臉都漲紅了，為了讓我放心，他才會這麼說。不過，這裡的 Wi-Fi 也連不上，就算輸入了帳號和密碼，依然不成功，訊號也很弱。這件事非常嚴重，對於老師這樣的全職投資人來說，沒有 Wi-Fi 代表他根本無法參與戰鬥，於是我小心翼翼的跟老師說：「我覺得這間飯店不能待，這裡的 Wi-Fi 連不上。」

他把行李再度拿出來，一邊走、一邊喃喃說道：「我們去剛剛車站旁邊的諾富特酒店吧，昨晚的夢太可怕了，沒錯，夢……。」

搭車回市區飯店時，我真的很想死。我們一走進好不容易訂到的飯店房間，老師便累倒在床上，過沒幾秒就睡著了。

可是，不管再怎麼累，還是應該吃點東西再睡。仔細想想，我們今天吃的只有早上在奧斯特拉瓦飯店提供的早餐，中午也沒吃，不管怎樣都應該出去買點東西。雖然已經習慣隨時保持緊繃，但老師也已經六十歲，今天實在太辛苦他了。

我趁他睡著的空檔，搜尋附近的韓式料理店。韓式料理店位於這座大城市的一個小角落，就算搭Uber，還是徘徊了十五分鐘才找到。

我鬆了一口氣，心想「還好有吃的」，外帶一份味噌鍋和泡菜鍋回到飯店。不過，老師吃到一半就放下湯匙，說：「化學調味料的味道太重了，而且這種容器不能裝熱的，對身體很不好。」

天啊！今天沒有一件事是順心的。後來，我想乾脆早點睡好了，很快就進入夢鄉，但差不多在凌晨的時候，總覺得哪裡怪怪的，驚醒後發現老師非常驚慌的看著自己的手。

「怎麼了嗎？」

「你看看我的手。」他的手水腫得很厲害。「我昨天吃味噌鍋和泡菜鍋的時候，不是說味道很奇怪嗎？看來是有問題的耶！人不能這樣做生意。」

但問題不只這個。

「你看看這個Wi-Fi，明明說是商旅，連網路都連不上。我們現在立刻離開這裡，下個行程是波蘭的蘇瓦烏基（按：位於波蘭東北部，鄰近立陶宛的小鎮），對吧？我們不要去那裡了，改去柏林！」

嗯？旅行方向說變就變，本來我們計畫要從華沙前往波蘭東北部國界附近的小鎮蘇瓦烏基，在那裡住一晚後，經過立陶宛首都維爾紐斯、拉脫維亞首都里加、愛沙尼亞首都塔林，穿越匈牙利後，搭船到斯德哥爾摩進入北歐。但是，現在竟然突然改去柏林！

「那柏林當地的行程是？之後要去哪裡？」

「那些等抵達柏林之後再想。我活到現在的經驗告訴我，現在會接連遇到這種情況，肯定是哪裡不太對勁，你想想我們從前天到今天早上遇到的事情。我的直覺告訴我，要改變旅行路線。這種時候要是還堅持原定計畫，很有可能出事，雖然對你有點不好意思，但我們還是先去柏林再說。」

我立刻接受了他的提議。老師在投資的過程中，應該面臨過許多緊急狀況，也接收過無數次意料之外的壞消息，在那種時候，**最好的方法就是趕快做決定，若有必要就認賠出場；如果因為捨不得而猶豫，反倒會落入無法逃離的險境中**，這是從經驗中訓練出來的動物直覺。

再加上，現在我其實也只想趕快離開波蘭。旅程再怎麼不順利，怎麼會到這種地步？行程晚點再安排，趕快逃離華沙吧！

＊　＊　＊

我們拿著行李抵達華沙站後，我走向櫃檯準備購買前往柏林的火車票。

「我有歐洲鐵路通行證，可以在歐洲全境連續搭兩個月。我想去柏林，請幫我訂位。」

「嗯？歐洲鐵路全境通行證？那是什麼？」

「你不知道嗎？歐洲鐵路？反正只要幫我訂位就行了。」

「我不知道耶，好像在哪裡看過。稍等一下，我問問看。」

站務人員甚至不知道什麼是歐洲鐵路通行證！華沙竟然用這種方式跟我道別，在最後還得經歷這種小騷動，還好最後站務人員順利回來，非常親切的幫我訂位。

當我坐上前往柏林的火車時，整個人都癱在座位上。呼！終於離開了。

那時，老師露出招牌笑容，對我說：「很辛苦吧？不過這是旅行，也是人生。生活中這樣的事情比比皆是，當你遇到人生的波濤時，應對方式只要稍微出錯，整艘船就會沉沒，所以不可能不保持緊張。我們隨時都要留意微小的跡象，並及時應對。此外，謙虛是必備要素。人生就像這趟旅程，很容易因為一個小插曲而重新規畫行程，命運是偶然和努力的雙重奏。總之，現在先休息吧！我覺得困難的部分已經結束了。」

▲ 在華沙拍的唯一一張照片：華沙科學文化宮。

語畢，老師就把座椅往後躺，閉上眼睛，快速進入夢鄉。

沒錯，我已經分不清楚這是旅行還是人生了，兩者都沒有標準答案。離開華沙後，我發現我沒有在這座都市留下任何照片，也沒有去任何景點。

在前往柏林的火車上，我翻找手機裡的相簿，發現只有一張晚上拍下的華沙科學文化宮。

但是，那又如何？在我的腦中和心中，華沙跟我有過一段奇妙的緣分，只要用我的觀點和想法來記下那片風景就行了。

人生就是這樣，不要被牽著走，用自己的方式生活和闡述就好。難免遇到各種偶然，就以努力和勇氣面對。

華沙就像我人生中的一個關卡，在不知不覺間改變了我的航道。

07

想滑雪，先學會跌倒和轉彎的方法

經歷過華沙的騷動後，我們改前往柏林。老師整個人倒在飯店床鋪上，睡了好幾個小時。

雖然我的年紀比較輕，但也很快就感到疲憊，在準備入睡時，老師卻把我叫起來，向我說：「先吃飯再睡。」

不知道從什麼時候開始，老師都會提醒我吃飯，是從旅行超過一個月的時候開始的嗎？

我們在 Foursquare 上找到想吃的餐廳後，就叫了一輛 Uber。

「剛開始旅行時你都不會這樣，為什麼越到後面越常提醒我要吃飯呢？」

我們在倫敦的時候可是連晚餐都不吃。

「這是當然的啊！因為旅行就像人生一樣，初期很辛苦，就是希望最後能幸福，這是人之常情。旅行也是這樣，越後面就要越舒服，不是嗎？」

老師常常這樣，原本跟我互開玩笑、像個小孩一樣吵吵鬧鬧，後來卻突然切換模式，變得一板正經。

我想起十幾年前，他跟我提到他辛苦的童年時，最後說的一段話：「想到那些因痛苦而了結性命的人，我想對他們說，如果你真的在承受難以承擔的痛苦，就要想著，破曉前的天空永遠是最黑暗的，現在光明即將到來。我相信我有一個『痛苦帳戶』，如果將我經歷的痛苦一點一滴的累積起來，那些痛苦都將轉化為未來能享受的幸福。要是痛苦帳戶是空的，那任何事情都無法輕易達成，只要想著現在經歷的苦痛，都是在為痛苦帳戶儲蓄就好。」

直到現在，我都沒有辛苦到很想死過，所以我無法隨便針對痛苦這個主題說些什麼。但聽到他的這番話之後，我改變了往後面對苦難的態度。當我覺得快要喘不過氣時，我會告訴自己：「現在我正在存痛苦帳戶。」這麼一來，心裡就會好過許多。

其實，在人們想要的東西當中，很少有無須經歷痛苦就能獲得的。如果可以不勞而獲，那個東西很可能根本不屬於自己，而是別人給予或透過不正當的手段得到。別人給予的東西，別人可能會再次奪走，而透過不正當的手段得到的東西，很可能會在未來反咬自己一口。不正當的財富，可能會讓你窮盡一生辛苦耕耘的財富和名譽，在一瞬間煙消雲散。

為了獲得好身材而運動的人都說，身體是很誠實的，運動多少，就會鍛鍊出多少肌肉，而且這些肌肉都會在痛苦中慢慢變大。透過運動長肌肉的原理，就是要先運動到臨界值，之後若使出吃奶的力氣超過臨界值，肌肉就會出現些微的破裂，而在修復的同時，便會長出肌肉。

讀書也一樣，一位認知心理學家說：「越痛苦的記憶，會維持越久。」所以只看寫錯的題目，並不是正確的讀書方法，而是要痛苦的深入思考原理，這樣子得到的內容和答案，絕對不會輕易忘記。而學生最討厭的考試，就是能讓記憶維持最久的學習方法。

此外，有一個韓國通俗說法是，喝母奶長大的孩子之所以會比喝奶粉長大的孩子更聰明，有相當大的原因也是痛苦。因為母奶不容易吸出來，必須吸吮、搓揉、改變方向才能吸到一點，還得不斷用力。這種辛苦的過程，也會讓孩子變聰明。

另一方面，「自己沒有、不足的部分」也會引起強烈的動機，簡單來說，**人就是要羨慕別人，才會滋生欲望**。在《湯姆歷險記》（*The Adventures of Tom Sawyer*）中，某天湯姆必須粉刷家裡的圍牆，他便跟朋友展開相當驚人的心理戰；看湯姆刷油漆刷得這麼有趣，朋友很羨慕，就拜託湯姆讓他刷刷看，卻被湯姆拒絕。

其實人就是這樣，別人有、自己沒有的時候，就會更想要某樣東西。最後，湯姆的朋友甚至付他錢，心甘情願的替湯姆家的圍牆刷油漆，全是因為湯姆在朋友心中製造出欲望。

* * *

跟我年齡相近的X世代（按：一九六四年至一九八〇年出生的人），多數人的成長過程中都沒有經歷過這種痛苦。除了極少數的人之外，這個世代的人都不曾餓過肚子。也許是因為這樣，我們面對痛苦時，只會感受到一股茫然的害怕與不安；必須果斷投資時猶豫不決，該勇敢挑戰時卻臨陣脫逃，也不懂得縝密的為未來做準備，常常聽到有人說：「如果不知道要幹麼，就去賣炸雞吧！」不過，炸雞店關門率是所有自營事業當中最高的，所以最近這樣想的人應該減少了許多。

X世代眼中的「平凡生活」，標準其實很高，因為這些人生活在韓國史上經濟最富裕的時代。我們之所以會對極小的痛苦非常敏感，也許是因為不太了解痛苦、對這個世界還太無知，因而感到不安。

老師則完全相反，**因為經歷過，所以不會害怕**，在面對危機時，反而能睜大雙眼直視。他懂得正確的掌握狀況，找出解決辦法，面對危機也敢於積極「對沖」，因為他經歷過的痛苦太龐大了，他不想再次回到那樣的狀況。這跟我心中的不安不一樣，因為他並不茫然。

「你也一樣，跟剛開始旅行的時候相比，現在已經輕鬆許多了吧？現在你很會找火車路線，也可以迅速預約好住宿，知道要去旅客服務中心獲得旅行資訊，也很清楚怎麼買車票。任何事情都一樣，一開始還抱持旺盛的能量和欲望時，要多多學習，這樣之後才能好好放鬆。如果說三十歲之前都是在磨練人生的基本功，那一趟旅程的初期就是在磨練旅行的基本功。」

後來想想，老師說得沒錯，想要有收穫，就要咬牙忍受痛苦；**想要享受成果，就必須先撐過無聊的日子，好好打下基礎，就像為了學會滑雪，就必須克服搭纜車上山時的焦慮與懼高症，還要學會跌倒與轉彎的方法。**

偶爾會聽到有人說：「我吃了很多苦，卻什麼都沒得到。」

文端悅（按：韓國第一代英文名師，因事業失敗而負債累累）則曾針對這點說道：「人經歷的痛苦越深刻，就越能安慰別人，因為那個深度會形成真實的慰藉。」

文端悅非常有名，但在他的成功背後，是一段非常漫長、不斷失敗的痛苦時期。他根據自己的經驗得出了這樣的道理：如果對受苦的人說出自己所經歷的痛苦，對方就能得到真心的安慰，因為自己經歷的痛苦也是真的。

我想著這些時，朴老師冷不防的抓住我的手，放在自己的膝蓋上。我嚇了一跳，心想老師怎麼會做出這麼噁心的行為？

「姜局長的手真的很白、很漂亮。看看我的手！又醜又粗糙，對吧？但其實，姜局長的手是惡魔喜歡的手，惡魔會想把你的手抓來吃，但像我這樣粗糙的手，則是黃金手唷。」

真是的，他都喜歡把正確的事情講得很殘酷，而且還是笑著講。

我想，托老師的福，我的痛苦小豬撲滿應該多投入了十元吧？他粗糙的手上還留有做菜時被割傷的痕跡，再回頭看看我那雙白皙的手，不知為何，我覺得手的傷痕就有如內心的傷痕，而真正能安撫人心的手，似乎都是粗糙的手。

第四章

遇到不懂的事，就把自尊心擺在家裡

丹麥、愛沙尼亞、德國

01

醜小鴨變成天鵝，不只靠基因

「老師，接下來要去哪裡？」

因為行程改變了，所以我很茫然，不知道接下來要往哪裡走。要先去拜訪幾個德國的城市嗎？還是要改往克羅埃西亞前進？但老師在前往柏林的火車上睡著了，睡前只說了一句：「我們到柏林的飯店再想，幹麼那麼急？」

不過，如果沒有提早規畫交通和住宿，不知道會出什麼亂子，身為必須處理行程大小事的人，不禁感到前景一片黯淡。還好，在柏林火車總站附近發現一間相當不錯的飯店，跟車站只有一、兩分鐘的距離，讓我放心不少。

「反正我們都要去北歐了，有沒有辦法從柏林往北歐走？」老師說。

對耶！並不是非得從華沙經過維爾紐斯、里加，再從塔林到赫爾辛基才能通往北歐，有一個更直接的路線——大部分背包客都從漢堡出發，往哥本哈根的方向前進，我想我們在柏林應該也可以這樣做。

「可以哦！我們可以從柏林經過哥本哈根，再往斯德哥爾摩走就行了。」老師接著說：「嗯，在去斯德哥爾摩之前，我想先去哥本哈根一趟。」在這麼漫長的旅行當中，很少聽到老師說希望能去哪座城市。

「那裡有什麼你想看的嗎？」我問，但並沒有得到回應。

隔天，我們在柏林的火車總站購買經過漢堡前往哥本哈根的火車票。我搜尋了一整晚，有查到火車會開上渡輪，於是趁買票的時候詢問站務人員：「我在網路上看到的資訊說要搭船，請問會需要搭船嗎？」

「不用，只要搭火車就行了。」

「真的嗎？可以不用搭船？」

「沒錯，請趕快付錢。」

買完票後，我便走向老師，告訴他這個消息。我們搭的列車是ＩＣＥ列車（按：德國高鐵）。老師問我，ＩＣＥ這樣的高速列車，真的會開進鐵路渡輪

（按：用來乘載鐵路列車的船）裡面嗎？我說應該不會，可能會上橋，就像釜山廣安大橋那樣，放心搭就行了，但他聽了之後卻回了一句「不可能」。

我回答說，我二十五年前也來過這裡，當時睡了很久，醒來後發現都沒有乘客，窗外也只看得到鐵製的牆壁，應該就是在船裡，當時覺得既驚訝又神奇。我想這次應該也會這樣吧？

我又在網路上的部落格確認了一下，確實是會駛進渡輪沒錯，但當我再次問站務人員時，他們還是說不會搭船。我告訴老師，二十五年這麼長的時間，已經足夠讓江山改變兩次，應該可以蓋一座橋吧？最後他被我說服了，我們都堅信火車會過橋，以更快的速度抵達哥本哈根。

不過，從漢堡出發的列車在普特加登站（Puttgarden，一個渡輪港口）進入一艘巨大的船裡。我跟老師在聊東聊西的過程中望向窗外，著實嚇了一跳。

天啊！船真的開到火車裡……不，火車真的開到船裡了！

老師笑著說：「去過首爾的人講不贏沒去過的人。你不是說不會進到船裡嗎？說什麼會上橋？」

「那是因為剛剛那個站務人員那樣說……哈哈，火車真的進入船裡耶！」

「走，我們去甲板上看看。」

我們沿著陡峭的鐵梯往上走到甲板，一開門就看到整片藍天。我不自覺的張大嘴巴，這是真的嗎？人怎麼會想到要把火車開到船裡？

搞不好，故事是這樣展開的：某天，有個德國人說：「我很喜歡火車，有沒有方法搭火車穿過那片海洋，抵達哥本哈根呢？啊！對了！把火車裝入船裡就行了。」於是那人去找熟識的企業家：「你覺得把火車放入船裡能不能賺錢？這樣就能用火車抵達瑞士和挪威。」那位企業家覺得似乎能賺錢，便去找工程師，問：「該怎麼做呢？」工程師仔細思考後，想出了在船裡鋪鐵軌，再讓火車開進去的方法。

我想，應該就是經過這些過程打造出來的吧？人的想像力無遠弗屆，無論如何都會將腦海中浮現的東西化為現實。真正的問題在於你能不能做夢，以及能否持續推動、不放棄夢想。

＊　＊　＊

裝載火車的船離開港口、駛向大海，聽說會在海上行駛四十五分鐘。海風清新，汪洋遼闊，陽光明媚，波光粼粼，老師在清朗的天空下抽著一根菸，說道：「是因為安徒生（Hans Christian Andersen）啊。」

「安徒生？」

為什麼突然沒頭沒尾的提到安徒生？當我還理不清頭緒時，他接著說：「安徒生寫的童話故事中，不是有個故事叫《醜小鴨》（*Den grimme ælling*）嗎？我在某個地方讀到那個故事後，覺得很喜歡，因為跟我的遭遇非常相似，我甚至懷疑《醜小鴨》是否就是我自己的故事。」

在童話故事《醜小鴨》裡，有隻小鴨從特別大的蛋中孵化出來，其他鴨子都欺負那隻小鴨，還孤立牠，因為牠長得不一樣。母鴨一開始還會抱著牠，但後來連母鴨都說希望醜小鴨消失。

結果，離開家的醜小鴨到哪都被排擠，為了躲避貓和雞的攻擊，不得不到處逃亡。就這樣過了一段時間後，某天，醜小鴨偶然看到自己映照在湖面上的模樣，發現自己跟其他鴨子長得完全不一樣，因為牠是一隻美麗的天鵝。醜小鴨變成天鵝後，就自由的飛向天空，過上幸福的日子。

回想《醜小鴨》的情節，會覺得真的跟老師的人生非常吻合，若說安徒生是以老師為原型寫的，好像也可以相信。十年前我跟老師一起編撰《超級螞蟻朴成得的投資股票教科書》時，就稍微聽過老師的人生故事，這次則在一起旅行的過程中聽到了更多。

他的童年相當不幸，就如他說過的，他曾經希望其他家庭能領養他。老師說：「通常，如果是自己的孩子，家人都會不斷稱讚他很聰明，但每當我在某方面稍微展現出天分，反倒會被攻擊，他們會說：『哈！那傢伙又在自以為是了。』如果因為不想被罵而裝傻，對方又會說：『那傢伙真的很笨耶！』我差點就要被他們搞瘋了。」

他說，住在親戚家的那段日子簡直是一場惡夢。老師自幼被虐待，十五歲離家出走時身無分文，後來到釜山的日式料理餐廳當廚房助手，但這不代表苦日子就這樣結束了。雖然不再時時受到中傷、遭到蔑視，但取而代之的是無時無刻不在的飢餓感，還要忍受旁人懷疑、警戒的眼神。

「當時，在我工作的餐廳裡，電話機前面擺了一個很大的小豬撲滿，希望客人可以把多餘的零錢投進去。但某天有人把小豬撲滿偷走了，老闆只是稍微出去一下，回來之後就找不到。當時我無依無靠又貧窮，所以大家都懷疑我，讓我非常難過；不管我再怎麼否認，老闆還是堅持要我還錢。他們把我的隨身物品都翻過一遍，雖然沒有找到，也沒有消除對我的疑心。這種感受，沒有親身經歷過是不會知道的。」

所以老師才會拚死拚活的工作，犧牲睡眠時間學習做菜，最終成為當時的頂級餐廳「朝鮮飯店」的廚師。之後，他也沒有停滯，不因為做到別人羨慕的工作就安逸下來。

許多老師的前輩都在賺最多錢的時候沉迷酒精、女色和賭博，搞砸了自己的人生。見到過於安逸的前輩，他引以為戒，認為自己咬牙堅持至今並不是為了過那種生活。

某天，當老師在計算自己還剩下多少時日的時候，得出了一個結論——他要自己創業。於是，老師創造出釜山首屈一指的日式料理餐廳大漁，並以創業經驗為基礎，再次搖身一變成了賺進數百億的「超級螞蟻」（按：在韓國股市，小型個人投資者，被稱作「螞蟻」，而在散戶之中，能滾出好幾億獲利的高手，叫做超級螞蟻）。

雖然他並沒有說自己已經蛻變為天鵝，但在我看來，他已經成為了天鵝中的天鵝，所以《醜小鴨》對不同時期的老師來說，應該都有不同的感受。在一無所有的時候，《醜小鴨》帶給他茫然的希望；當上廚師、逐漸累積經驗，並以大漁餐廳大獲成功時，呼應著醜小鴨逐漸蛻變為天鵝的過程。當然，老師的外表跟天鵝差很多就是了。

「所以我想去哥本哈根看看，不是要去參訪安徒生的故居，也不是要站在哪裡拍照，只是想聞聞看安徒生聞過的空氣。你和他一樣是寫文章的人，順便去看看，怎麼樣？」

當然好。

總覺得跟老師一起前往《醜小鴨》的國度，似乎能讓我這個不上不下的醜小鴨也成為美麗的天鵝。四十五分鐘轉眼便過去了，船駛向港口。從這裡開始就是丹麥了，我希望安徒生與老師的願望和渴望，也能注入我的人生之中。

02

最有效的學習方式，身體記憶

「我喜歡在這樣的下雨天，聽著雨聲思考各種事情。」

老師在愛沙尼亞塔林的飯店看著窗外下雨的街道，說出這句感性的話。

但這時，我卻煞風景的問了一句：「欸，你都是怎麼學習的？」

老師用受不了我的表情看著我，然後笑了出來。

我繼續說道：「好比投資股票的方法，或是各種稅務、會計、不動產相關知識，到飯店構造、植物名稱、家具種類……透過這次旅行，我發現你真的懂得好多。」

「你是從很好的大學畢業的，我的學歷卻很差，這件事很神奇吧？」

「不，我不是那個意思……。」

老師再次默默望向窗外，然後說要到大廳喝杯咖啡再睡。

在下著雨的溼冷天氣，我把一杯溫暖的咖啡放在老師面前，老師開口說道：「**讀死書會很辛苦。**」

「咦？」

「不管三七二十一就把書上的知識塞入自己的腦中，這種讀書法就叫做讀死書，就是在浪費時間，沒有任何用處。」

老師接著說，他認為韓國教育非常畸形。孩子們拚死拚活的念書，但實際出社會後，卻發現職場上用不到這些知識，因為學生沒有被激發學習的欲望，根本不知道為什麼要上學。

「因為真心喜歡、想對世界有所奉獻而學習，才有真正的效益，但大家卻不是這樣，全都是因為想當教授、過上好日子而讀研究所；想要找到好工作、開好車，為了考上好大學而念書。就我來看，那些人的家教不好，只是額頭上掛著一個招牌罷了！大多數韓國家庭都為了這種讀死書的學習方式，花上大筆大筆的鈔票，結果如何？」

任誰都多少知道，現在的教育體系是有問題的，每個家庭支付的教育費用，已經達到影響生計和退休生活的程度，但父母卻因為不知道人生可以有其他規畫，所以仍舊為了「送孩子進好大學」而硬著頭皮賭上一切。

都做到這種程度了，成功機率應該要很高才對，但還是有很多學生在入學考試中落榜；就算大學畢業了，同樣在就業市場中落敗。一百個人當中，大概只有一個能成功，這是非得爭個你死我活的遊戲。

我們在跟人聊天時，如果發現彼此印象中的知識不一樣，我們就會開玩笑說：「問問看韓國最厲害的學者——NAVER 知識人吧！（按：韓國類似 Yahoo 奇摩知識＋的搜尋問答服務。）」

這個玩笑話隱含著我們對教育制度的冷嘲熱諷，意味著就算一個家庭賭上現在和未來，再怎麼讓孩子努力念書，也比不上 NAVER 知識人。

未來學家馬丁．福特（Martin Ford）在《被科技威脅的未來》（*Rise of the Robots*）一書中提到，往後具有重複性的工作，幾乎都會被搭載人工智慧的自動化機器人取代，而且那個未來離我們並不遠。在這種情況下，還要把下一代從國小到高中的十二年人生，獻給背誦式、解題式教育嗎？

有人提出一個預防對策，就是將入學考試改為絕對分數制（按：不比較個人分數和全體學生分數，旨在了解學生學到什麼），但仔細想想就會知道，這也不算是一個好對策，因為在校成績會取代入學考試，成為大學錄取學生的重要基準，而在校成績就是背誦式學習的集大成。最後，為了在小的考試範圍內鑑別學生的實力，老師出題時只好出必須背誦「沒什麼用處的知識」才能解題的題目。

所以，有沒有其他的解決辦法呢？朴老師說，要讀活書。**真正的學習是用身體來做的**，這樣你的身體才會記得。

「你有看到今天的新聞嗎？聽說航運業和造船業針對結構調整達成了協議，說不定很多人會因此失業。現在從造船系畢業的人，要找什麼工作？社會改變得非常快速，如果父母還用老舊的想法教育孩子，不只孩子會完蛋，整個家庭也會完蛋。大家都叫孩子背誦寫在教科書上的知識，但那是錯的，我們應該訓練孩童在親身經歷、感受到自己的需求後，主動學習解決問題，這樣小孩子才會變強。」

有些父母只叫孩子唸書，其他事情都為孩子做好，朴老師非常不認同這樣的父母。他說，對子女而言，那不是愛，而是毒藥。

「那麼，究竟該怎麼教孩子呢？」

老師聽到我的愚蠢問題後，給了一個聰明的回答：「用我現在教你的方式來教啊！這次旅行，你遇到很多問題，對吧？每到一個都市，就得摸索該如何買車票、訂飯店；為了到陌生的觀光景點或餐廳，還得研究 Google 導航。一開始我覺得你真的很兩光，但你現在越來越厲害了，這就是學習的真諦。這次我們也搭 Uber 來，對吧？跟剛出發的時候相比，你已經在不知不覺中變得跟之前很不一樣了。」

他說得沒錯，這次旅行最大的收穫，除了從老師那邊聽到的知識之外，就是我得要在陌生的外地，從 A 到 Z 全部自己完成的經驗。簡單來說，這趟旅行就是在學習，沿途的美麗風景只是附贈的禮物。

不過，想讓孩子真心愛上學習，我想父母的心臟也得變得更強大。

03
父親的背影

在塔林的某一天，我們在前往韓國餐廳的路上看到一間老舊的火車站。早期營運的蒸汽火車孤零零的停在那裡，老師站在那火車前，說：「請幫我拍張照片。」

我有點意外，因為在旅行途中，他從來沒說過要拍照。我猜老師可能是想以古董為背景，拍張照作為紀念。

我們漫步在塔林古色古香的舊城區，每當老師發現販售復古商品的店家或古意盎然的裝飾品時，都會停下來看好一陣子；我暗自心想，原來老師喜歡這種東西。

後來，老師問我：「你知道我為什麼會這麼認真的看這些古董商品或建築物嗎？」

原來，答案是為了自己的孩子。老師的二兒子在販售古董，而為了讓自己的眼光跟上兒子的眼光，他想要盡量多觀察不同古董、復古家具及老舊的建築物。

「雖然不曉得能不能幫助他的生意，但我不希望被兒子當成一個無法溝通的老古板。經過時間歲月的打磨後，我希望我能散發出內斂的光澤，就像這間老舊飯店的大理石地板一樣。」

他在說這句話的時候，眼神既純真又樸實，像一頭牛一樣。從倫敦到塔林，在我們環繞歐洲大陸一個多月的旅程中，每到一個都市，只要看到古董店家，老師連一次都不曾放過，總是認真觀察並拍照。

「我剛剛看著那輛蒸汽火車時，覺得它就是我。如今，我的時代已經接近黃昏。不管多努力掙扎，還是無法倒轉時代趨勢。所以我期待我的子女能解開我的遺憾，也希望能在這樣的子女身旁，像散發內斂光澤的古董一樣老去。歐洲的建築物就是這樣，用時髦的方式重新裝潢傳統的建築物，造就獨特的美感，我也想在兒子眼中成為這樣的榜樣。」

我們一起在塔林的舊城區散步時，非常認真的觀察了各個店家，我看著老師這樣的背影，突然覺得很溫暖。

在他的背影中，我彷彿看到我的父親。我父親雖然個性嚴格又挑剔，卻總是對我出版的書、寫的文章感到好奇。父親離世後我才明白，在我面前不知道該怎麼親切稱讚我的父親，在他的朋友面前總是真摯的表示他以孩子為傲。

如果現在父親也能像帥氣的古董蒸汽火車一樣待在我身邊就好了。

好想念父親，我想要回到童年，再次被他揹在身上。父親的背比誰的懷抱都更加溫暖。

04

夫妻的背影

「我們今天在這裡吃晚餐。」

老師在飯店餐廳說出這句話，彷彿要舉辦盛大晚宴一樣，還立刻向櫃檯預約了菜單，是包括六道菜和七杯酒的全餐。

到目前為止，除了從斯德哥爾摩到塔林的路程中，吃過渡輪上的自助餐之外，旅途中從來沒吃過這麼高級的料理。在倫敦時曾經沒吃晚餐，在西班牙時只吃法式麵包配水，在斯德哥爾摩還吃過麥當勞。

所以，當下我以為我聽錯了，但老師立刻讀懂我的眼神，說：「我覺得你需要這種經驗，不過你要有所覺悟。」

「吃美食要什麼覺悟？你擔心太多了，我只怕你臨時改變心意。」

接著，我就滿心期待著晚上七點的大餐。

到了七點，我坐在位置上，看到五副刀叉和好幾個玻璃杯，便不自覺的挺直腰桿，心中有股莫名的緊張感。

「如果從一開始就這麼緊張，那今天晚餐會很痛苦哦。」老師說道。

剛剛叫我要有覺悟，現在又說這頓晚餐會很痛苦？我歪著頭想這是什麼意思，但我很快就明白了。七點開始用餐後，幾乎是以三十分鐘為單位上菜，也就是喝了餐前酒之後，等了三十分鐘才上開胃菜，接著再喝一杯紅酒，又過了半小時才出現第一道料理，非常從容。在韓國，這種晚餐一個小時內就會結束，但在這裡一下子就過了兩個小時，已經九點了，卻還有一半的預定餐點還沒端上來，這個上菜速度，連個性慢吞吞的我都受不了。

「Gentlemen（紳士們）？」

在我已經等到快要坐不住的時候，隔壁桌的紳士把手放在我的肩膀上，向我搭話。他問我們是從哪裡來的，我回答「Korea」，他則說他是造船的工程師，曾經跟韓國貿易公司STX一起工作過，現在在芬蘭北邊名叫坎斯提亞

（Kestilä）的地方經營飯店，今年五十六歲。他太太坐在他對面，他說已經結婚三十年了，我們就這樣聊了起來。

從開始旅行到現在，我常常埋怨自己差勁的英文實力，但至少在這天，我慶幸自己的英文好歹還堪用。老師開心的拿出自家小狗的照片，說：「這隻狗的名字是寶石，是我的最愛，但牠常常生氣，一生氣就會跑到我旁邊，噘著嘴巴唉唉叫，這點很不可愛。但我要是沒有牠，就會非常難過。」老師像機關槍一般射出一連串話語，然後拜託我翻譯。

同時，隔壁桌的紳士因為對我們很好奇，便問了很多問題：「你們是公司主管和部屬嗎？還是父子？你們之前都去了哪裡？哪個都市讓你們印象最深刻？之後會去芬蘭嗎？如果去芬蘭，可以來我經營的旅館。」

在這種情況下，還要求會話實力只有國中程度的我，以口譯員的水準同步翻譯，未免太強人所難了。我結結巴巴的將對話一下翻成英文、一下翻成韓文，腦中的保險絲都快燒起來了；不過，老師和那對夫妻都覺得這個狀況很有趣。我一邊回想剛剛他們說的話，一邊嘗試用簡單的單字說明，他們也都非常有耐心的聽我翻譯。

「請幫我問一下你的老闆有什麼興趣，gentleman。」

隔壁桌的紳士熱情的稱呼我為gentleman，也就是紳士的意思。老師則回答是打高爾夫球。

「高爾夫球不是興趣，是一種商業交際。大部分的老闆都不愛打高爾夫球，我想知道的是，真正能讓他內心放鬆的興趣是什麼？Gentleman。」

老師說是整理庭園、跟家人一起聽音樂，以及跟小狗玩耍。

「對嘛！那才是真正的興趣，我也喜歡整理庭院。」

這時，服務生端出精緻的蛋糕和冰淇淋，甜點像雪一樣入口即化，吃到一半，我看向隔壁桌，發現這對五十六歲的夫婦像小孩子一樣，互相踢著彼此的腳嬉鬧著。看到他們踩著彼此的腳，互不相讓的樣子，我和老師都笑了出來。

這時，芬蘭紳士笑著說：「她常常踢我，我因為工作的關係，一年有約兩百天的時間回不了家，她說我這樣很壞，所以我才會踩著她的腳，讓她不能踢我。你告訴你的老闆，他回家之後，他太太也會這樣踢他，畢竟兩個月都不在家，一定要有覺悟！」

我們都大笑出聲。

就這樣，我們對這對陌生人敞開心房，在漫長的晚餐時間成為好朋友。

老師告訴芬蘭紳士，如果他來韓國，很想邀請他來家裡一趟，也留下電話號碼。芬蘭紳士則說，如果去坎斯提亞，一定要到他經營的飯店。

離開時，芬蘭紳士對我說：「Gentleman，你有個好老闆。」

晚餐結束後，我們發現他太太無法順利起身，看起來身體虛弱、行動不便。芬蘭紳士協助太太慢慢起身，離開餐廳時緊緊牽著她的手。真是一幅美麗的景象，老師的目光一直跟隨著那對夫妻的背影。

「你說，那不就是愛嗎？我覺得他們的模樣讓我對塔林留下愛的印象。」

雖然小卻十分美麗，沒錯，塔林就是愛的城市。

05

不要害怕命運開的玩笑

我們經過歐洲各個城市時，都會拜訪許多教堂，包括巴黎聖母院、倫敦西敏寺、西班牙聖家堂和米蘭主教座堂。

我跟老師一起進去教堂好幾次，雖然每次他都看似不特別在意，卻常常發現他停在點滿蠟燭的地方，為某些事祈禱。就算我問他在求什麼，他也不回答，只是露出難為情的笑容。

在塔林的時候也一樣，我們進入小教堂五分鐘左右，老師便閉上眼睛禱告，我出神的望著老師，後來跟他四目相對。

他說：「好奇怪哦！我明明以前就很討厭搭飛機，卻突然想來歐洲，而且還拜訪了許多城市的教堂，這或許代表是神在呼喚我來到歐洲。」

我沒想到會從老師口中聽到「神」這個字，他總是自信滿滿，既強大又充滿熱情，在我眼中的他，無論遭遇任何苦難都能超越、突破，是人類意志的化身。這種用意志克服一切的人，竟然在我面前談論神的存在。

「一直以來，我無論經歷多麼艱辛的痛苦，都沒有落入黑暗，反而堅持腳踏實地。我很清楚處境跟我相似的人，有很多都走上歹路，過著悲慘的人生。雖然以某個角度來說，變成那樣是理所當然的，但我卻能豁出性命，擺脫泥淖般的處境，我能自豪的說，我已經全力以赴了，沒有愧對任何人。」

老師再次露出像牛一般樸實的眼神，像是在回顧自己的過去一樣，望著遠方，平靜的說：「我靠自己賺到錢之後，努力幫助那些處境辛苦困難的人。看到那些辛苦的人，就像看到童年的自己，所以我很努力想幫助他們。我救活了人，也幫助不少人脫離經濟懸崖。我從來沒有學過任何宗教教理，但我一輩子都抱持著『神總是在保護我』的念頭，在我的心中，總是有神在。

「而且我現在已經六十歲了，是不是耶和華邀請我到名為基督教故鄉的歐洲呢？我一直覺得是這樣。很奇怪吧？這裡隨意望去都是信仰氣息濃厚的教堂，我看到時更加堅信真是如此。」

聽完這番話後，我全身都起了雞皮疙瘩。我老婆和母親在聽到我要跟老師一起旅行時，都異口同聲的說：「我覺得是神讓你跟到好老師，給你機會學習和體驗。」結果，我竟又從老師口中聽到關於神的內容。

人生活在神的奇妙作為之中，跟祂的作為相比，人是如此渺小。

「所以我選擇禱告。目前為止，我都順從著神的旨意生活，現在神呼喚我到這裡來，所以希望神能接納我的餘生。我總是想著，跟那廣闊的海洋、容納那海洋的地球、包圍地球的宇宙相比，人有多麼微小又不起眼。我總是保持謹慎，以免違逆神的作為，神非常了解我的內心和行動，所以我感謝神呼召我。我拜託神，如果我順服祂的旨意生活，請祝福我的家人、我的太太，以及跟我一起旅行的人。」

近代政治學之父馬基維利（Niccolò Machiavelli）說：「人要盡全力，但要順從福爾圖娜（Fortuna，羅馬神話中的幸運女神）。」在文藝復興時期，卡斯特魯喬・卡斯特拉卡尼（Castruccio Castracani）這位在義大利呼風喚雨的名將，竟因區區一個感冒而死去，令人不禁哀嘆命運作弄人；但換個角度來看，如果他因為害怕命運開的玩笑而畏畏縮縮、不全力以赴，說不定每天就會過得一場糊塗又毫無意義。

時機和機會，是由神賜予的，而我們凡人能做的就是為了遇到時機和機會，每天都腳踏實地的生活。

拉丁語格言Carpe diem（及時行樂）和流行語YOLO（You Only Live Once，人生只有一次）不都是這個意思嗎？

我低下頭祈禱：

希望我每天都能全力以赴，

以喜悅的心等待時機和機會，

樂意的順應上天賦予我的命運。

06

遇到不懂的事，就跟懂的人學

在歐洲旅行的時候，最讓我惋惜的就是我的英文實力，因為我想說的話很多，想計較的事情也很多。打個比方，住在華沙的諾富特酒店時，因為沒有提早預約早餐，就在我打算在現場刷卡結帳時，餐廳門口的員工把卡片還給我，搖搖手說：「這張卡片不能刷，看來是被停卡了，給我別張卡。」

作為飯店的員工，這種行為和用詞非常沒禮貌。

當下我很想破口大罵：「我之前刷了十幾筆，一次都沒有失敗過，而且我昨天已經檢查過這張簽帳卡的餘額了，你這臭小子！在飯店裡面工作的服務生可以對客人這麼沒禮貌嗎？我要跟你們的經理談！」

但我的詞彙量不足，無法這麼說，雖然怒火中燒，仍只能忍住怒氣拿出別張卡，但其他卡也刷不過。這時，我的怒火已經燒到頭頂了，我從皮包拿出緊急備用的所有卡片，一旁的員工看到後，露出疑惑的表情，跑去拿一臺新的刷卡機過來，重新刷一次就成功了。

原來是機器的問題！但是，這個員工連一句道歉都沒說。

「都是因為你搞錯，才會帶給我這麼大的麻煩，但你連一點歉意都沒有，不會說句對不起嗎？你懂不懂禮貌？在飯店工作的人，連這種程度的禮貌都沒有嗎？」如果我的英文程度有好到能流暢的講出這些話就好了，不過我能做的只有兩隻眼睛狠狠盯著他看。

離開餐廳後，我悻悻然的跟老師說明這個狀況，然後說：「真希望我的英文能好一點。」

老師立刻回覆道：「你的英文很好。」

「咦？什麼意思？」

「並不是說你講得很流暢，是說你有恰當程度的語調和結巴。」

「嗯？」

他說，在他的朋友當中，有一個人總是誇耀自己的英文非常好，後來某天有機會跟那個人一起去國外旅行，老師理所當然的認為那個人可以負責和外國人溝通，但卻發現他的英文程度其實非常差。語言的基本功能是溝通，但那個人根本無法用英文交談，不管是問路、買東西或買車票，他總是以「You know?」開頭，然後做出聳肩的怪異動作，對方看到之後，以為他很會講英文，就講得飛快，發音都連在一起，最後什麼資訊都沒問到。

「跟他相比，你的英文很真誠，也很擅長使用拜託別人的語調和態度。你能夠非常清楚的表達你想問的內容，所以在基本的溝通上沒有太大的問題。如果要說得粗魯一點，就是『已經具備了乞討的態度』。」

嗯？是說我像乞丐嗎？

老師接著說：「不要誤會，已經具備乞討的態度，並不是說你像乞丐，而是在稱讚你。這其實是所有從事服務業的人都應該有的基本態度。所謂的服務業，就是先提供服務再收錢。有句話說：『**茶杯要比茶壺更低才能接到水。**』放低身段是你的基本功，也就是不要假裝很厲害、擺架子，也**不要把你**

的自尊心捧在手心裡呵護。」

＊　＊　＊

我進入四十歲之後，開始閱讀很多成功人士的訪談和書籍，最主要是為了觀察市場，因為那些書都賣得很好；再來，是因為我在寫書時，想參考其他暢銷書，但除此之外，還有一個理由，就是我從小就一直很想知道：「為什麼這些人會成功？」

小時候讀過偉人傳記，那些改變世界、對人類有貢獻的人，做什麼都很厲害，不僅很有能力，品行也很好。可惜的是，偉人傳的內容大同小異，人人都很正直、懷抱遠大的夢想，也都為大義獻上一生、犧牲自己。

因此，我小時候還曾暗自決定，以後絕對不要成為偉人，因為他們看起來都是缺乏生活樂趣的人。後來我才知道，偉人傳記只是借用偉人的生活，來教導我們何謂道德的倫理教科書，所以想要像書中的偉人那樣生活，根本是天方夜譚。

不過，除了成功之外，我還想知道：「為什麼那個人可以賺那麼多錢？為什麼他可以變得有名？為什麼他那麼受歡迎？為什麼他的文筆那麼好？」我覺得這些絕對不是能從某個人身上學來的技能，而是天生的。人生苦短，生命不允許我們經歷所有的事情，每個人都被賦予了不一樣的天賦。

二十歲上大學後，我享受了快樂又自由的生活，雖然擁有很多時間，卻沒有事情可做。但我還是懷有一股奇怪的稚氣，心想「我不能蹉跎時光，別讓青春留白」，所以開始喝酒交際；現在想想，當時如果把買酒的錢存下來，應該都能買一棟房子了（我是認真的，我們系上沒有喝酒的同學和研究所學弟，實際上都買了二十坪的公寓，很令人羨慕）。

退伍後，在研究所讀了四年多，一畢業就發現二十幾歲的時光稍縱即逝。原本以為絕對不可能結婚，卻奇蹟似的組成家庭，也為了賺錢而上班，而上班的時間就像夢境一樣，一眨眼就過去了。

過了四十歲之後，我突然清醒過來，問自己：「我活到現在，到底做到了什麼？」另一個把我打醒的問題是：「如果我現在辭職，還能養活我的家人嗎？我已經沒有存款了，憑著微薄的資遣費，能扶養家人幾個月？」

而且，我似乎無法馬上找到工作。韓國經濟進入低成長期，整體產業相當不景氣，許多公司都想調整組織，應該不會錄用我。想到這裡，我就很後悔自己沒有學過任何專業技術。

「只要我不投資像期貨那種賭博性的商品，我就很難失敗。就算真的失敗了也不用擔心，重新經營日式料理餐廳就行了。我有信心，只要我舉起切生魚片的手，一年內就能創造出客人天天爆滿的佳績。」老師總是這樣跟我說。

雖然這麼說好像在騙人，但老師做菜的技術，比他上百億的資產更令我羨慕。我真的很仰慕他不用仰賴任何東西，就能憑自己開創生活的控制力。

大概就是從那時候開始，我一有空就會找成功人士的訪談和書籍來看，這是一種權宜之計。有些人天生就很厲害，他們沒看過什麼成功人士寫的書，也沒有跟誰學習，但一出生就知道該怎麼做才會成功。

他們在年輕時就開花結果，很早就讓自己的名聲傳遍世界，獲得財富和名聲，不過這樣的人真的很罕見，也幾乎不是我能學習和效法的對象。

才能是無法偷取的資產，天生就與眾不同的天才想要獲得成功很容易，當然，他們有用自己的方式付出努力，但每當我看到韓國藝人金喜善、全智賢、張東健或 G-Dragon 時，心中都不禁想：「他們上輩子應該拯救了國家，要不就是為人類和平做出偉大貢獻，否則怎麼會得到那樣的外表和才能？」

那些偶爾會上電視的財閥富二代或有錢人家的孩子也一樣（當然，其中大多數的人還是很努力），如果想要一出生就繼承一輩子也花不完的財產，上輩子肯定要幫助幾十萬人、幾百萬人，對吧？

不過，多數人還是跟我一樣，沒有財產可以繼承，才能和外表也沒有特別之處，那該怎麼辦？我可不能因為這樣就說：「這輩子應該會很辛苦，下輩子再見囉。」

所以，我自己下的結論是：「因為不知道下輩子會如何，這輩子無論如何都要想盡辦法解決。」**不懂的事情，就跟懂的人學習，這才是生存之道。**如果不了解成功的方法，那就要跟成功的人學習；不了解賺錢的方法，就跟很會賺錢的人學習；想知道怎麼擁有權勢，就要詢問握有權勢的人。也就是說，學習就是一切。

那要怎麼學習呢？其實唯一的辦法就是觀察。很多成功人士其實不清楚自己為什麼會成功，所以其他人只能觀察他們，參考他們留下的文章和對話，從那其中找出生活道理。我決定先這麼做看看，所以努力閱讀成功人士的訪談逐字稿，逐一找出在我看來一定會成功的要素。我想，這樣似乎能在看出某個大框架的同時，了解細節及方法；因此，我想用這種方式列出清單，整理出讓人成功的要素，變成一套行動守則。

在這段整理過程中，我接觸許多人的軼聞趣事、自傳、傳記、訪談等，我發現他們都有一個共通點：**他們很有自信心，也很容易拋下自尊心**。

韓國名廚兼企業家白種元便在某次訪談中提到：「如果要做生意，好吃是基本，但重點不是賣食物，而是在賣自尊心。在客人面前無法放低身段的人，沒辦法賣吃的，一定會失敗。」

韓國汽車銷售傳奇、雪佛蘭（Chevrolet）東首爾代理商代表朴魯珍說過，**他推銷汽車時有一個心理儀式，他會在鞋櫃上擺一個大碗，每天早上出門前，都把自尊心放在裡面。**

若無法放下自尊心，就會開始擺架子，把沒有的東西說成有，不知道的時候卻假裝知道。朴老師說我「英文很好」，也是因為我願意放下自尊心，沒有擺架子。

稻穗越飽滿，就會垂得越低。

總統拜票、老闆迎接客人、上班族面對上司時，原理都跟乞丐討錢沒兩樣，差別在於，你是充滿自信的放下自尊心，還是因為自信心跌到谷底，只剩下無用的自尊心而無法低頭？

不管怎麼說，茶杯都要比茶壺更低，才接得到水。

07

你也得了「重置症候群」嗎？

在司徒加特賓士博物館（Mercedes-Benz Museum）旁邊的賓士銷售館前方，我的視線始終無法離開那輛邁巴赫（Maybach，德國超豪華汽車品牌）。

我心想：「啊！只要能搭一次，我就死而無憾了。」

那時，在一旁的朴老師笑著問：「你在想什麼？」

我不好意思說出真心話，只說了：「我在想，回家後真的要付出龐大的努力，趕快獲得財富自由。」我覺得這個說詞，比「我想要賺很多錢」聽起來高雅，但老師的表情突然變得很嚴肅。

「如果突然間利慾薰心，想要賺很多錢，你會毀了自己。」

「咦？」

「我知道你心裡在想什麼。你已經工作十四年了，不管後來是自願還是非自願離職，十四年來穩定的薪水就這麼沒了，心裡當然會很著急。不是只有你這樣，被大公司辭退、領幾億韓元資遣費的人也會這樣。已經工作十幾年的人，不都是公司的人才嗎？他們肯定都對自己非常有自信。

「所以，這些人在離職後心態都會變得很急躁。但其實，**半途離開公司，最該先做的不是創業，應該要先大幅降低開銷**。都沒在賺錢了，如果還像以前那樣花錢，那不管拿到幾億韓元的資遣費，也會立刻消耗殆盡。要是在還沒發現時，就已經花掉一大筆積蓄，就會覺得很心急，耳根子也會變得很軟，一旦聽到別人說『只要投資多少錢，每個月就能保障多少的收益』，耳朵立刻就豎起來，貿然加入連鎖店的行列開店，但這只會帶來更多痛苦。」

老師說得沒錯，我點點頭。

「難道那樣就可以成功嗎？如果這麼簡單，開幾十年餐廳或公司的匠人都在瞎忙什麼？難道他們都是笨蛋嗎？不，那些人以為只要學幾個月，知道料理或經營的皮毛，就可以在市場上生存；以為只要坐在櫃檯，對著裡面喊：

『小金！小李！出來幫忙！』就會賺錢，真是想太美了。

「人離開公司後，要先降低開銷，然後把身段放得很低。要有覺悟，必須從底層開始一步步做起。請你記住我說的話，我已經看過太多這樣的人，心一急，就被欲望蒙蔽雙眼，然後犯下無法挽回的大錯。」

老師這番話，使我的腦海中浮現這個句子：「會對現實感到茫然或煩躁，是因為想要只靠一次努力就達成目標。」這是韓國作曲家新沙洞老虎說的。

當我在報紙訪談內容中讀到這句話時，心裡不禁讚嘆：「這個人一定有他成功的原因。」每個人在每段時期，都有該學習的部分，但很多人都想跳過中間的步驟，一次就成功、躍升為明星，覺得中間的辛苦很不值得。

新沙洞老虎說，他受不了最近的年輕人**只要事情不順利，就想要全部放棄重來、砍掉重練，這就是所謂的「重置症候群」**（Reset Syndrome）。不過，我想重置症候群應該不僅是年輕人的問題。

* * *

其實進入中年之後，我身上總是有某種類似「焦慮」的症狀：茫然的想要趕快成就些什麼，而且一旦心生動搖，就不容易穩住內心，還經常不安的想著自己的生命是不是已經走到了盡頭。

跨入四十歲之後，這些想法都躲在我心中的某處，只要我的意志稍微動搖，它們就會立刻出來作亂。總覺得其他人都在二、三十歲就獲得社會的肯定，創造某個屬於自己的獨特品牌，好像只有我一個人落後。因此，我更期待被肯定，也渴望被稱讚。

離開公司後，這樣的心情就像雪球一樣越滾越大，讓我非常害怕被社會淘汰。不過，雖然內心因焦急而紛亂，但身體實際上什麼都沒做，這樣的反差持續拉扯我的身心。

其實真正的問題在於，那份焦慮感會成為我極大的弱點，讓我無法堅持下去。就像我讀大學時曾經學過吉他，才學會幾個和弦，就想要像當紅歌手一樣自彈自唱；但其實，如果要做到那樣，就得一點一滴的累積實力，不過我心中的焦慮使我無法冷靜。

我努力練習吉他好幾天，實力上卻看不到明顯的進步，於是我立刻就因失望而拋下吉他，好一陣子都沒有再彈，直到某天看到選秀節目才又拿出來。

正因如此，我的吉他實力和二十年前相比，仍在原地踏步。跟我在相同時期學吉他的朋友，其中很多人已經是專業吉他手，因為他們不會被焦慮感支配，而是按部就班、循序漸進的累積自己的實力。如果我二十歲就明白這點，肯定能做到很多事。

學外語也一樣，我買英文書、練習會話、上補習班……卻總是被焦慮感絆倒。都還沒學會走路，就貪心的想要跑，渴望和英語流利的人一樣厲害。當我的實力跟不上理想時，就徹底放棄，等到之後某個事件觸發動機，才又拿起書本。我總是這樣重蹈覆轍，所以英文實力仍舊沒有長進。

我用這樣的方式活了二十年，而現在，有一股更強烈的焦慮困擾著我，包括這輩子時間所剩不多的急躁、什麼都沒成就，卻急速奔向人生盡頭的空虛，還有做什麼都已經太遲的氣餒，這些情緒在我的心中形成一個漩渦。

所以，我變得越來越貪心，還想出一些不切實際的目標。「要不要寫個故事，創造下一本全球暢銷小說？還是像〈江南 Style〉那樣，用一首歌轟動全世界？還是要像馬克．祖克柏（Mark Zuckerberg）一樣，創立第二個臉書（Facebook）？」

我認為，一家之主被辭退後，決定創業的原因應該不只是生計，大概也是出自於「想挽回」的念頭。簡單來說，就是想把被辭退這件事怪罪在自己的衰運上，想靠大獲成功來挽回自己的人生，害怕被當成失敗者。

仔細想想，**沒什麼能力的人突然爆紅，是一件非常危險的事**，那等於是將一艘沒有推進力的火箭發射至高空。雖然飛在高空時，彷彿就像擁有了全世界，但那種成功只是一時的，一旦開始從高點下墜，你就無力回天了。

＊　＊　＊

離職後，中年憂鬱不斷折磨著我，讓我總是感到焦慮。我想要證明就算我離開了公司，也不是沒用的人，因此總覺得要做點什麼，不斷掙扎、做了各種嘗試，但越是掙扎，內心就越空虛。

那時，新沙洞老虎一步一步往前走的精神啟發了我，讓我心想：「如果這是我之前還沒經歷過的人生必經階段，那現在就去經歷吧！」、「不要在別人成功的領域東張西望，專注在我喜歡且擅長的事情上吧！」

新沙洞老虎的重心一直都放在作曲上，他一有空就作曲，其他時間則花在企劃和開會上。

作曲家在構思新音樂時，總是要上緊發條，就像作家二十四小時都在苦思該寫些什麼，諧星一年三百六十五天都在想有什麼事情能引人發笑；他們有多麼專注在自己「行業的本質」上，會決定他們的能力有多強。

先清楚了解自己行業的本質，才會知道該如何徹底管理自己。以前朴軫永（按：韓國唱跳男歌手兼大型演藝經紀公司 JYP 的創辦人）上節目時曾提到，自己數十年來都維持一貫的早晨行程，像是嚴格控制飲食、運動時間、練歌時間等，我才明白：「原來看起來這麼愛玩、標新立異的朴軫永，也是過著像僧人一樣的生活！」

新沙洞老虎也一樣，他說為了維持生活節奏，無論多晚睡，都會在早上七點半起床，而且他的原則是滴酒不沾。因為他是自由業，只要稍微喪失紀律，就很可能沒有產值，連一毛錢都賺不到。

成功的人都很擅長管理自己。韓國腦科學家鄭在勝也說，他不抽菸、不喝酒、不打高爾夫球，晚上十點睡、早上四點起床，起床後就會專心做一件事到早上九點；而且他還做好會被同事討厭的覺悟，堅持推掉大部分的聚餐。

我似乎總是只注意到別人亮麗的成果。對於某天像流星一樣突然出現的人，我為他們歡呼，也不禁感到羨慕，但實際上卻沒有採取任何行為。光是羨慕別人、一味的著急，只會讓時間無情的流逝，不過，當我慢慢回顧這些過程時，我發覺答案終究只有一個。

沒有那種突如其來的成就，無論是什麼事，都必須親自嘗試。連社群平臺名人金・卡戴珊（Kim Kardashian）也一樣，再怎麼說，她也付出了最大的努力，認真控制自己的身材，而且她也實際拍下照片並上傳到網路上；很多人無法理解她怎麼會成為全球明星，但我並不那樣想，就算不是用大家所想的方法，她仍一步一步的以她的方式努力。

新沙洞老虎在三十二歲，就創作出三百五十多首熱門歌曲，包含韓國女團EXID的〈上下〉、T-ara的〈Roly-Poly〉，以前我看到這種人，只會用一句話下結論：「他就是天才啊！」

不過現在我知道了，他在學生時期是個「問題兒童」，高一時為了當歌手而來到首爾，必須做各種辛苦的打工賺生活費，曾擔任中華料理店的外送員、活動助理、歌手經紀人、小吃店廚師等；像Cakewalk這類早期的作曲軟體，他都是自己學會的，與其說是天才，不如說是努力派。所以從現在起，我也應該要拋下茫然的焦慮，實際付出努力。

我看著老師，不禁笑了出來：「怎麼連爬都不會就想要跑？」

老師愣了一下，也露出笑容：「現在就算我只提到一件事，你也能舉一反三了耶！現在我們就像夫妻一樣！」

吼，幹麼說得那麼肉麻？

08

貧窮，真的會限制人的想像

今天是旅行的最後一天，明天就要回韓國了。雖然老師早上說想去海德堡市，但我們前一天已經走了一整天，簡直像在行軍，而且明天十一點還要搭飛機，老師又很討厭搭飛機，所以我問他要不要今天先留在飯店養精蓄銳。

「為什麼？你不是說那裡有德國歷史最悠久的大學嗎？」

幾天前，我跟老師介紹法蘭克福附近值得參觀的城市，像是科隆知名的大教堂，司徒加特則有賓士博物館和保時捷博物館（Porsche Museum），而距離法蘭克福一小時車程的海德堡，則有德國歷史最悠久的海德堡大學（Heidelberg University）。

「我很想去那裡。」

青春又有活力的德國大學生在前往海德堡的火車上喧鬧不已，車廂內都是三五成群、嘰嘰喳喳的說話聲，身處這個場景之中，瞬間喚起我在一九九〇年代初的某個春天，前往大成里和清平（按：皆位於京畿道）參加迎新活動的心情。當時光是跟班上同學及學長姊一起搭火車前往民宿，就讓我的心情悸動不已；這個甜蜜的回憶，浸在懷念和遺憾中醞釀，變得有些傷感，悲傷的心情徘徊心中。

我們搭的火車不是一小時內就能從法蘭克福抵達海德堡的高速列車，而是每站都停的區間車，大概過了一小時四十分鐘，我們才抵達海德堡火車總站。可能是昨天下了點雨，地上還是溼的，但空氣很清新。在清新的空氣中，陽光炙熱又刺眼、清澈得晴朗，像極了大學生的青春。

我們搭上巴士前往海德堡大學廣場。雖然是星期天，仍有不少學生走進教室中。那天剛好是勞動節，廣場有一區正舉辦著倡議「團結」的集會；我看朴老師走入混亂的人群中，聽著無法理解的德文，駐足好一陣子，偶爾閉上眼睛，像是在思考什麼一樣。

穿過大學廣場，就到了海德堡城堡。光是從下往上看，這座城堡就已經很美了，而聽說從上面看下去，可以看到更壯麗的風景。我們搭纜車上去後，發現果真如此，眼前的美麗風景，如同專屬於我們的禮物。

後來，我們穿越建築物之間的小巷離開城堡。

「我很幸福。」老師沿著小巷走下來，笑得合不攏嘴。

「我對學習及知識一直都抱持著渴望。所謂的貧窮，不只是肚子餓、沒錢買飯吃，在學習

▲ 德國海德堡的美麗風景。

方面也可能貧窮。因為我沒有讀書，從很小的時候開始就要賺錢，為了獲得成功，我一輩子都只能馬不停蹄的往前奔馳；然而，越是奔馳，對學習的渴望就越大，結果就去賺更多錢。

「這樣生活下去，某天一睜開眼已經六十歲了。雖然我已經盡了全力，不後悔自己的選擇，但對於沒有好好求學這點，還是感到遺憾。那份貧乏總是讓我心痛，我很羨慕你，可以受到好父母的照顧，在該就學的時候接受正規教育，沒有錯過黃金時間。」

從他的語氣之中，我能感受到他的真心。

老師在旅行過程中一再詢問各種問題，使我得窮盡所有我知道的知識回答，真的不知道的話，就上網搜尋再唸給他聽。但即使如此，老師的好奇心還是沒有盡頭，就像餓了好幾天的人一樣，把知識慌慌張張的吞下肚，急迫的想理解關於歐洲的一切。

他所問的問題穿梭於韓國史和世界史之間，囊括了建築和科學，老師的提問既廣泛又充滿執著。

跟他相處得越久，越能理解他心中的遺憾。就像缺乏愛的孩子，會改用暴飲暴食來彌補心中的空虛一樣，對學習的渴望和知識的貧乏，讓老師的心中滿滿都是遺憾。

「但是我們今天在海德堡大學附近逛的時候，我在那段時間彷彿變成了大學生。我忘記自己額頭上的皺紋，還有錯過學習機會的處境，變成在大學裡讀書的莘莘學子。在那個短暫的瞬間，我真的很幸福，這種心情很可笑吧？」

哪會啊！完全不可笑。我跟老師相處很久了，他教導我的股票及經濟知識，含金量大到超乎我的想像。他究竟是怎麼不靠上課，就了解法律、會計、稅務和經營相關的知識及技巧？每每想到這點我就非常吃驚。我在書上學到的知識，老師全都親身體驗過，然後以自己的獨特語言表達出來。看到這樣的老師，我能感受到他對疏於學習這件事抱持著多大的遺憾。

忘記是在羅馬的咖啡廳還是在巴塞隆納的飯店，我跟他說：「難道不是你的童年造就出現在的你嗎？我覺得就是這種強烈的生存意志和痛苦，鍛鍊了你這個人。」

結果，卻被他臭罵了一頓：「我真的很討厭聽到這種話，如果你沒有經歷過，就不要說那種話。對我來說，童年沒辦法好好讀書是非常大的遺憾，如果能跟別人一樣正常上學、盡情學習，說出一口流利的外語、了解世界文化和歷史，我就能懷抱比現在大上一百倍的夢想，也能努力去追求那份夢想。以後就算是開玩笑，也不要講那種話。不能上學、缺乏知識，這種處境究竟能鍛鍊什麼？絕對沒辦法，只會縮小夢想的規模，以及你能抓住的機會。」

在那瞬間，老師的眼睛彷彿冒著火光。那時，我彷彿能看到一個聰穎又有才能的年輕人，他渴望學習，又埋怨無法透過學習來懷抱更大的夢想。他這樣的心情，怎麼會很可笑？

穿過窄巷時，我走在老師後面，突然想到人的背影真的很誠實：看正面時，覺得老師威風十足、充滿野性，但他的背影卻莫名的單薄、令人哀傷。看著想像自己成為一名大學生後，感到片刻幸福的老師，我想給他一個擁抱。

後記
歷經38天的背包旅行，我跟以前不一樣了

「不過，老師為什麼會想要跟我一起旅行？你的兩個兒子都長大了，英文也都比我流暢許多。」

在回程的飛機上，我問著依舊看著窗外的老師。長時間的旅行，讓老師的神情露出些許疲態。

「我想用我的方式向姜局長道謝。」

「謝什麼？」

老師用有點粗魯的慶尚道腔調，慢慢說起大兒子的事。

他的大兒子在學生時期非常不愛唸書，高中即將畢業時，分數幾乎沒辦法上大學，最後好不容易申請上一個不怎麼令人滿意的大學。

「我當時對大兒子說了狠話，告訴他如果他沒辦法盡到人該盡的責任，我累積的財富和成功都會化為泡影。我叫他自己想清楚、好好振作，然後冷酷的送他去當兵。後來懇親日的時候，他哭了，他說他以為我絕對不會去看他，還說他讀了我寫的書，讀完之後體會到，爸爸是因為抱持著懇切的態度，才能突破艱難的環境，打造自己的一席之地。於是，他決定奮力一搏。」

大兒子退伍後去澳洲留學，同時學習英文和專業科目，後來通過會計師考試，成為特許公認會計師。

「我兒子說，讀那本書的時候，有句話令他印象深刻：抹除『放棄』這個詞彙吧！他真的很感謝我說了那句話。現在，他讓我非常放心，因為他已經繼承了爸爸的精神。我想感謝你，因為有你，才能讓那本書成功出版。」

我點點頭，原來如此，那本書創造了這麼美麗的回憶！我的內心深處湧出滿滿的成就感與自豪感。

「不過，為什麼偏偏是當背包客呢？而且還長達兩個月，這麼辛苦又吃力，舒服的旅行十天也可以啊！」

老師用力搖頭：「我想送給你的是這趟旅程，而不是觀光行程。」

「……！」

我似乎立刻就明白老師的意思了。

他繼續說道：「旅行好比人生，在茫然的時候自己克服困難，找出該走的路，同時體驗許多精彩的瞬間。我敢斷言，沒有誰的人生是像觀光行程那樣，走別人定好的路線，享用美食佳餚，睡在豪華的大床上。我希望你在短暫的休息期，能透過真正的旅行，重新思考人生的意義。」

我的心揪在一起，出發前計畫行程的不安、悸動、恐懼與期待，似乎還縈繞在腦海中。所謂人生，就是不知道會往哪個方向前進，但還是要盡全力奮鬥、忍耐、開拓並獲得成就，就像一個背包客一樣。

他繼續說：「我也需要時間回顧自己的生活。一直以來，我都努力克服困境、創造人生的意義，但這次，我想要回頭看看自己一路走來的模樣。」

在我的印象裡，老師總像一匹野馬，但這時他的臉上卻閃過一絲疲憊。

「我即將邁入六十歲，六十歲之後的生活，等同是上天額外贈送的。我總是在想，不知道上天什麼時候會把我帶走，而在那之前，我想要透過旅行與上天見面。而且我也希望這些想法能留下紀錄，我偷偷期待你會好好整理旅行中的內容，結果正如我所預期，你充分理解我的想法。

「如果說我們的第一本書，是讓讀者見證我生活上的決心，那第二本書則是將我的生活交給讀者們見證。希望這能成為我這位父親身上的枷鎖，讓我得以謙虛且正直的度過生活的每一個挑戰。對我來說，這趟旅程就是為了達到這個目的。」

轉眼間，飛機已經降落在仁川機場。

我很清楚的感受到，我已經變得跟旅行前稍有不同，也感受到：旅行真的跟人生很像。

國家圖書館出版品預行編目（CIP）資料

億萬富翁在旅途中教會我的事：遇到不懂的事，就把自尊心擺在家裡。一段 38 天的背包旅行，就此改變人生境遇。／朴成得，姜鎬著；葛瑞絲譯 . -- 初版 . -- 臺北市：大是文化有限公司，2023.05
256 面；14.8 × 21 公分 . -- （Biz；426）
譯自：부자 수업
ISBN 978-626-7251-55-3（平裝）

1. CST：個人理財　2. CST：投資

563　112001796

Biz 426

億萬富翁在旅途中教會我的事

遇到不懂的事，就把自尊心擺在家裡。
一段 38 天的背包旅行，就此改變人生境遇。

作　　者／朴成得、姜鎬
譯　　者／葛瑞絲
責任編輯／李芊芊
校對編輯／宋方儀
美術編輯／林彥君
副總編輯／顏惠君
總 編 輯／吳依瑋
發 行 人／徐仲秋
會計助理／李秀娟
會　　計／許鳳雪
版權主任／劉宗德
版權經理／郝麗珍
行銷企劃／徐千晴
行銷業務／李秀蕙
業務專員／馬絮盈、留婉茹
業務經理／林裕安
總 經 理／陳絜吾

出 版 者／大是文化有限公司
臺北市 100 衡陽路 7 號 8 樓
編輯部電話：（02）23757911
購書相關諮詢請洽：（02）23757911 分機 122
24 小時讀者服務傳真：（02）23756999
讀者服務 E-mail：dscsms28@gmail.com
郵政劃撥帳號：19983366　戶名：大是文化有限公司

法律顧問／永然聯合法律事務所
香港發行／豐達出版發行有限公司 Rich Publishing & Distribution Ltd
地址：香港柴灣永泰道 70 號柴灣工業城第 2 期 1805 室
Unit 1805, Ph.2, Chai Wan Ind City, 70 Wing Tai Rd, Chai Wan, Hong Kong
電話：21726513　傳真：21724355
E-mail：cary@subseasy.com.hk

封面設計／卷里工作室 @gery.rabbit.studio　內頁排版／王信中
印　　刷／鴻霖印刷傳媒股份有限公司

出版日期／ 2023 年 5 月初版
定　　價／新臺幣 380 元（缺頁或裝訂錯誤的書，請寄回更換）
I S B N ／ 978-626-7251-55-3
電子書 ISBN ／ 9786267251782（PDF）
9786267251799（EPUB）